贵州省

文化产业『十佳』人物、企业和

品牌案例汇编

贵州省文改文产办
多彩贵州文化旅游研究院 编

（2018）

新华出版社

图书在版编目（CIP）数据

贵州省文化产业"十佳"人物、企业和品牌案例汇编
.2018 / 贵州省文改文产办，多彩贵州文化旅游研究院
编. —北京：新华出版社，2020.9
ISBN 978-7-5166-5269-5

Ⅰ.①贵… Ⅱ.①贵… ②多… Ⅲ.①文化产业-企
业管理-品牌战略-案例-贵州-2018 Ⅳ.①G127.73

中国版本图书馆CIP数据核字（2020）第143157号

贵州省文化产业"十佳"人物、企业和品牌案例汇编.2018

作　　者：贵州省文改文产办，多彩贵州文化旅游研究院　编

责任编辑：蒋小云　　　　　　　　　封面设计：中尚图

出版发行：新华出版社

地　　址：北京石景山区京原路8号　　邮　　编：100040

网　　址：http：//www.xinhuapub.com

经　　销：新华书店

购书热线：010-63077122　　　中国新闻书店购书热线：010-63072012

照　　排：中尚图

印　　刷：炫彩（天津）印刷有限责任公司

成品尺寸：240mm×170mm

印　　张：13　　　　　　　　　　字　　数：140千字

版　　次：2020年9月第一版　　　印　　次：2020年9月第一次印刷

书　　号：ISBN 978-7-5166-5269-5

定　　价：49.00元

目 录

十佳人物篇

十佳企业篇

十佳品牌篇

贵州省文化产业

十佳人物篇

欧阳黔森

颁奖词：扎根人民不懈创作，砥砺精品传扬贵州。

他笔耕不辍30多年，致力于讲好贵州故事，展现贵州气派，在小说、报告文学、影视创作等多领域都取得瞩目成绩。从《雄关漫漫》到《二十四道拐》等，先后斩获多个重要的国家级奖项。"报告文学三部曲"，3次登上《人民文学》头条，耸立成为贵州文学的"高地"。中央电视台《新闻联播》《人民日报》《光明日报》《经济日报》等媒体分别以"灵魂有温度才能做出好作品""创作没有终点""用文化展示多彩贵州"等为题报道了他的先进事迹。

初心：文学是不懈的追求

出生在一个普通地矿家庭的欧阳黔森从小就开始孕育文学的梦想。读书期间，他便对文学有着很强的感悟力。作家应该是思想者，而良好的文学修养和深刻的思想造诣才能孕育出优秀的作品。

高考后，他进入贵州地校读书。毕业后顶替父亲在地矿所的职位，成为一名地质技工。从此，他开始拿着地质锤和放大镜，奔走于贵州的十万大山之间。但是，他每次出门工作，都随身携带几本自己喜爱的文学书籍，一有空闲就拿出来看。艰苦的工作锤炼了他的意志，而文学也引导他更深入地理解生活、认识世界。

几年后，来到贵州大学中文系进修的欧阳黔森文学创作进入了一个小高潮。1999 年，在《当代》发表短篇小说《十八块地》是他创作高潮的新的开始。短短 4 年时间里，他在《人民文学》《当代》《十月》《中国作家》《散文》等刊物发表短篇、中篇、长篇及散文、诗歌、文学评论共计 200 多万字。

从蹇先艾到何士光，再到欧阳黔森，贵州本土作家对本土文化和边地多彩风情、淳朴民风的书写，一直是一个绵延不绝的文脉。

从 1999 年到 2005 年，欧阳黔森每年都要在全国的重要刊物上要发表十五六篇部作品。其中，最具代表性的短篇小说集 2003 年入选中国"短篇王"丛书，中篇小说《白多黑少》、短篇小说《断河》，在 2004 年双双入围第三届鲁迅文学奖，2005 年获短篇小说奖项——蒲松龄短篇小说奖。

越界：影视生产就是要主旋律

正是出于为家乡的文化建设出力的想法，欧阳黔森开始了他的转型，也迎来了他在影视生产领域的创作实践。

2006 年，为纪念长征胜利 70 周年，欧阳黔森受命担任电视剧《雄关漫道》的编剧。由于剧本在审查后需要做大的改动，但当时离纪念长征胜利 70 周年之日只剩下 5 个月的时间，演员已经进组了。在时间紧、任务重的情况下，他经常一夜只睡四五个小时，顺利完成了剧本的定稿。

2008 年，他担任电视剧《绝地逢生》的编剧。该剧以贵州省乌蒙山区农民的真实生活为主要内容，展现盘江村村支书带领全村人在石漠化极其严重的土地上求取生存、勤劳致富的艰辛历程。此剧在央视一套播出后，得到了广大观众的好评。此后，欧阳黔森又投入了电影《云下的日子》《幸存日》的编剧和拍摄之中。

主旋律的影片是欧阳黔森编剧的重要取向。我国经济有了长足发展，主流价值观在影视文化生产中没有得到很好的体现，主旋律影视和市场化没有得到很好的契合，而他定位就是想写观众爱看的作品，同时积极传播我们的主流价值观的优秀作品。

创新：有所不为，才能有所为

从事剧本创作对作家来说是一种考验。欧阳黔森表示："我的主旋律创作力求从大写的'人'的角度来写故事，把人物写鲜活了，才能赢得观众的认可。"

2009 年，贵州省委宣传部支持贵州日报报业集团成立黔森影视文化工作室，欧阳黔森担任工作室的制片人和编剧，在发展中面临诸多问题。为此，他立足于创作有影响力的作品来打开局面。《云下的日子》等作品的成功就彰显了他的努力。

此时，也有众多投资人将目光投向了欧阳黔森，但他牢牢把握"有所为，而有所不为"的原则，依然在社会价值主旋律和地域特色文化上做文章，工作重心放在作品艺术特色的打造上，力争不上马则已，上马就要有特色。

2012 年 5 月，贵州省"十二五"规划的 6 部重点电视剧签约投拍仪式在贵阳举行。此次签约投拍的《伟大的转折》《二十四道拐》《磅礴乌蒙》《蓝色乌江》《春晖》《大歌》6 部电视剧总集数达 176 集，投资总额达 1.18 亿元，全部取材于贵州，将于两年内完成开机拍摄。他说："如何打造自己的特色产业，具体落实到影视剧文化中来，就是充分发掘贵州的地域文化特色，展现历史和当下的贵州。"

担任编剧、制片人的影视作品有《雄关漫道》《绝地逢生》《云下的日子》《幸存日》《奢香夫人》《风雨梵净山》《旷继勋蓬遂起义》等。曾获中宣部"五个一工程"奖、中国电视金鹰奖、中国电视剧飞天奖、全军电视剧"金星奖"等。在《当代》《十月》《人民文学》《收获》等发表长、中、短篇小说四百余万字，并多次获奖。

阿幼朵

不忘初心　肩负使命

颁奖辞：苗族歌后，贵州百灵。

她是一级演员、第十一届全国人大代表、全国青联委员……她曾在维也纳金色大厅唱响《苗岭飞歌》，在央视春晚舞台带来《干一杯》《对歌对到日落坡》，还在《心连心艺术团》《欢乐中国行》等节目中把贵州好声音唱到田间地头。成立贵州阿幼朵文化传播有限公司，推动贵州民族歌舞演艺走上产业化道路。

她是地道的苗家姑娘，是苗族的文化孕育了她！苗家人，只要会说话，就会唱歌；只要会走路，就会跳舞。正是苗家人爱唱歌的文化，让她生就了一副好嗓子，以及歌唱的天赋。苗家有许多优秀的文化，作为苗家人，她觉得有责任去传承与发扬，并将为此而奉献一生。

越是民族的，就越是世界的。世界上真正取得成功的人，不是因为有多大的才，或者有多大的地位，而是心怀大爱，肩负起了神圣的使命。从阿幼朵的身上，看到了这种使命，也看到了希望，这就叫"得道多助"！使命，是人生最大的战略。

小姑娘梦想大舞台

"米酒甜米酒香，敬酒飞歌飘山梁，漫漫古道千里长；悠悠苗乡古道旁，巍巍雷公清江的水呀，伊尔伊尔哟；歌声甜来米酒香，远方的客人尝一尝，迷人的风景古老的故事；好地方，苗乡人爱苗乡，苗乡人情豪放。"

阿幼朵出生于她的歌曲《醉苗乡》里所描绘的"敬酒飞歌飘山梁"的贵州黔东南苗族侗族自治州黄平县谷陇镇大寨村。生活在这样一个"歌的世界"里，耳濡目染中，独特的环境让阿幼朵从小具备了歌唱的基因，也从小就热爱唱歌。

"以前在村子里时，只要有我的地方，就有歌声。"阿幼朵说。

阿幼朵名字中的"阿幼"，是苗语"最小"的意思，代表阿幼朵是家中最小的孩子，"朵"字则是母亲小时候哄她睡觉时所哼儿歌的尾音。说到这里，阿幼朵仿佛回到了过去的岁月，现场给我们哼起了那首她从妈妈那里听会的儿歌……

妈妈不仅是国家认证的苗族古歌的非物质文化传承人，还是阿幼朵的音乐启蒙老师。

那些年，阿幼朵的甜美歌声，婉转悠扬，回荡在苗家寨子里，印在田地间，树梢上，屋檐下……直到现在乡亲们仍津津乐道。

阿幼朵从小就有着与同龄孩子不一样的成熟和勇敢。她也有着像香港歌坛"四大天王"之一的郭富城所唱的那样的梦想："小时候我就向往舞台/希望我能够站在上面/幻想着五彩灯光灿烂/让世界跟我一起转动……"

初中毕业后，阿幼朵踏上了"北漂"的旅程，在北京工作了一年回到贵州，在朋友的介绍下到贵州饭店做服务员。饭店的生意很火爆，到了晚餐时间，大厅里坐满了顾客。身材小小的阿幼朵穿梭在一桌一桌客人之间，用瘦弱的双手将重重的餐盘举高，平稳地送到餐桌上。整个晚餐时间，她不能停下来休息哪怕一分钟，一盘菜端在手里仿佛有千斤重。奔忙到饭店打烊时，她已经累得双脚双手酸痛不已。

每天，忙碌繁杂的餐厅服务工作结束后，都市流光溢彩的深夜对阿幼朵来说，总是孤独大于幸福。躺在宿舍的小床上，阿幼朵在黑暗中彻夜难眠，自己一蹦一跳地走在田间小路上，哼着欢快的歌曲，任悠扬的曲调在山间、田间、夕阳下穿过的画面在脑海里一幕幕活现。每当这时，她总是忍不住在心里一遍又一遍地问自己：这就是我要的生活吗？毫无疑问，答案是否定的。于是，这位勇敢的苗家姑娘重新背起行囊，参加一位家乡哥哥组织的团队，到全国各地演出，日出到日落，白天到黑夜，常常都醒在陌生的城市。虽是居所不定，她却感觉很幸福，因为她做的是自己最喜欢的事情——站在舞台上唱歌。

阿幼朵说："我还记得我初中时在日记本上写道，长大后我要成为一名歌唱家。所以那时候的我很开心，只要有舞台给我上，再苦再累都愿意。"

"小夜莺"唱响维也纳

"我走过一个春 / 再经过一个夏 / 我的爱行走在夕阳底下 / 踩过一个秋 / 再亲过一季雪花 / 做一个梦就可以梦到她……望一望这思念的尽头是什么 / 望一望这愿望我何时到达 / 望一望这梦想有多远……"

在如梦如幻的背景音乐中，阿幼朵呢喃低语，轻声诉说，一曲《月亮女儿》，让我仿佛看到了皎洁月光下，一位苗家少女对未来的美好憧憬。奔波于全国各地演出的阿幼朵，一直在"望一望这愿望我何时到达，望一望这梦想有多远"。她人生的转折，始于 1999 年。

那年，阿幼朵参加了贵州省举行的一次青年歌手大赛，以甜美声线一路过关斩将，拿下了大赛桂冠，自此成了家喻户晓的明星，从贵州走向全国，进而从中国走向世界。

2001 年，阿幼朵参加了由中国音乐家协会等单位主办的长江流域民族民间歌手"凤凰之声"电视大赛。当一位头戴银饰、穿着绚丽苗族服装的贵州青年女歌手在台上演唱完那首带着晨露、鸟声与神秘的《苗岭谣》后，不仅赢得了观众雷鸣般的掌声，而且令在座的中国音协专家和评委们惊叹："她的歌声像古老的原始森林那样纯净，如清清的山泉那样潺潺流淌，似山鸟那样婉转啁啾。"

在 2005 年时，阿幼朵参加了维也纳中国新春音乐会，演唱歌曲《苗岭飞歌》，成为第二位走上维也纳金色大厅的苗家人。同年 2 月，她还参加了中央电视台春节联欢晚会，演唱曲目《干一杯》。这使得阿幼朵的名字很快传遍了千家万户，得到了"苗歌天后""苗族歌后""苗族小夜莺"等名号。

阿幼朵说："去奥地利金色大厅演出时，第一次排练非常紧张，平时在苗寨演唱，伴奏的常常是芦笙，而在国外是莫扎特交响乐团，如此庞大的交响乐团给我伴奏，以前是没有过的。我唱了第一句，刚要唱第二句时所有的乐器都停下来了，当时我别提多紧张了，以为自己唱错了，大概两三秒钟后，所有乐器敲响了，原来他们在为我鼓掌。排练时我没有穿民族服装，正式演出时我穿戴上了苗族服饰，身上的银饰沙沙作响，外国人以为是种乐器，当我出现在他们面前时，看到这样独特的着装，台下响起了热烈的掌声。"

新世纪民族民间歌手选拔赛贵州赛区获金奖、《凤凰之声》长江流域民族民间歌手电视大奖赛获金凤凰杯奖、中国西部民歌演唱大赛"好猫杯"专业组第一名、中华民歌演唱大赛最佳民歌新唱奖、全国首届艺术新星国际交流大赛通俗唱法金奖，中国文艺公益活动爱心大使、全国乡村青年文化名人、《多彩贵州风》大型民族歌舞诗女一号、全国人大代表等。中央电视台曾连续两年在端午时节专题记录阿幼朵和苗寨的兄弟姐妹们一起打糍粑、包粽子的场景。越来越多的荣誉和演出机会，对于当时的阿幼朵来说，是命运中一次次的意外惊喜。阿幼朵却说："我真的没有想太多，只觉得它们是无数个历练自己机会中的一个而已，没什么特别的。"

厚德大爱的赤子情

阿幼朵的故事很励志——一个山沟沟里穷苦人家的小女孩，却通过自己的努力，从街边开始，唱自己的心声，一路唱下来，唱响了贵州、唱响了世界。从无路可走的地方，用歌声，开启了一条通途，连续几年，她的歌声，通过春晚的舞台，传递到了千家万户。

"我曾把你的风情神往 / 还是钦佩你如此豪放 / 扑进你那淳朴的胸怀 / 禁不住我心发烫……只要牵手一回就会记在心上。"

一曲《贵州恋歌》，唱出了阿幼朵对家乡的赤子深情。

从 1999 年开始，阿幼朵和范跃宁老师一起为家乡的公益事业做了很多贡献，20 年来一直默默付出，不求回报，坚持不懈，无私帮扶留守儿童、困难家庭、老人……

促成了上海、南京、北京等地的爱心人士向黔东南少数民族同胞伸出援助之手，先后捐赠母亲健康快车、山区学校、住房、医疗设备，资助优秀贫困学生等。

她帮忙建设家园，为家乡修路；她给村里的孩子，联系到一对一的帮扶；她还帮助孩子们找学校，找假期工作。2011 年 5 月，阿幼朵怀着对家乡的深厚感情主动联系当地团委，参与实施了"春晖家园计划"项目——黄平县谷陇镇大寨村村庄整治工程。项目投入资金 12 万元，由贵州省春晖行动发展基金会出资 5 万元，春晖使者阿幼朵捐资 1 万元，部分在外乡友协调各方资金 2 万元，当地群众投工投劳折合资金 4 万元共同建设。

阿幼朵还心系家乡的留守儿童和孤寡老人，为黄平县一万个 60 岁以上的老人买了人身意外伤害保险。2016 年时，她还发动朋友捐款为村里修建了文化广场。村里的乡亲们打心眼里感叹道："现在好了，村里总算有个广场了。"

此外，阿幼朵深深认识到，仅仅是物质上的帮助，并不能彻底改变家乡的贫困面貌，更多的应该是精神上和知识上的帮扶，只有村里的孩子多读书，多学知识，提升村民的整体素质，才能真正脱贫致富，摘掉穷帽。为此，近年来，她忙于给村里辍学的孩子联系职业技术学校，让孩子们能够掌握一门技术，提高自己的生活品质后，为家乡的建设贡献力量。不仅如此，每年寒暑假，阿幼朵还帮助村里孩子找兼职，让他们多锻炼自己。阿幼朵说："目前最难的就是如何让孩子们改变观念，重回校园。现在我的微信群里就有我们村 20 多个辍学的孩子，我每天都在和他们沟通，现在已经有几个学生答应重回校园了，我很开心，我的努力没白费。"村里一位倔强的孩子在她的劝说下，答应回学校继续学习，这让阿幼朵兴奋得一夜失眠。阿幼朵说道："这些孩子们都叫我姑姑，其实我和他们并没有血缘关系。"

为了促进黔东南州少数民族文化旅游产业发展，2011 年，作为全国人大代表的阿幼朵在两会上提出了名为"发展民族文化旅游产业，提高幸福感"的提案。阿幼朵说："我们贵州少数民族大多居住在较为偏远的山区，常常是'靠天吃饭'，改革开放以来大量青壮年外出打工，生活条件改善了不少，但总是聚少离多，幸福指数并不高。发展少数民族旅游产业可以很好地解决这个问题，少数民族能歌善舞，符合发展民族文化旅游产业人员的要求。民族文化旅游产业也是民族手工艺品制作、民族文化传承的动力，这样不仅保护了民族文化，也能增加村民的收入，两全其美。"

为此，她成立了贵州阿幼朵文化传播有限公司，对贵州少数民族地区的旅游项目开发一直都在公司的发展蓝图中。阿幼朵说："我当初成立公司的初衷就是为了将来能促进少数民族文化产业的开发，想把我们苗家最原生态的文化呈现在大家面前，让大家能真正地体会到我们苗家人的生活。让大家知道我们苗家人是怎样采摘桑叶的，是怎样酿制米酒的，是怎样过我们的节日的。而且，还可以带领乡亲们脱贫致富。促进少数民族文化旅游产业发展，是我后半辈子要做的事。"

2019年12月，为了给贫困山区孩子们搭建一个艺术的"筑梦场"，阿幼朵启动了公益办学，与贵州省旅游学校合作开办了"阿幼朵艺术学院"（民族音乐与舞蹈专业）。阿幼朵心心念念都是为山区孩子们铺就一条艺术筑梦的康庄大道。

"成立之初，我们所有老师和工作人员就把艺术学院定位在'公益办学'上。学费按国家政策全免之外，孩子们除了日常生活基本费用的开支，书本费、住宿费、班费、校服费等都基本减免。我也是大山里走出来的孩子，我就是想借着国家教育扶贫的大好政策，让山区贫困家庭的孩子能学有所长、学有所用，在学院找准定位，开拓自己美好的未来！"阿幼朵殷切希望艺术学院能成为贫困山区孩子们的筑梦场。

成立之初，学院的孩子们大多来自贵州省威宁、赫章、望谟、册亨等14个深度贫困县和20个极贫乡镇，这里的绝大部分同学从来没有接受过专业的音乐和舞蹈训练，完全是零基础，面对这样一个全新又充满挑战的专业，他们带着满腔热血为了梦想而走进了学校。经过刻苦学习，孩子们变化非常大，收获到了很多专业知识和技能，已经逐渐开始绽放自己的梦想尽情，向学校和关心孩子们的社会各界交出一份满意的答卷。

总之，一句话，只要遇到需要自己做的阿幼朵就会努力去做。人美歌美，心灵更美，这就是阿幼朵的形象，秀外慧中。

毛剑青

十三载匠心成就"多彩贵州风"

颁奖词：弘扬民族文化，演艺贵州精彩。

投身贵州文旅13年，从无到有将《多彩贵州风》打造成享誉国内外的贵州文化旅游名片，如今《大明屯堡》《云上凉都》《蝴蝶妈妈》《锦绣丹寨》等剧目在省内落地开花。公司先后被评为国家文化产业示范基地、国家文化出口重点企业、全国文化体制改革工作先进单位，并在2016年成功挂牌新三板，成为我省在新三板上市的首家文化企业。毛剑青连续两年入围"中国文化产业年度人物"。在她的引领下，多彩贵州文化艺术有限公司将在新时代继续书写"多彩贵州风行天下"的华美乐章。

毛剑青，多彩贵州文化艺术股份有限公司董事长。公司旗下的大型民族歌舞《多彩贵州风》已演出4200余场，接待海内外观众500万人次，曾代表中国政府、贵州省政府前往英国、加拿大、韩国、澳大利亚等二十多个国家和地区巡演。2016年，"多彩贵州"挂牌新三板，成为贵州文旅第一股；而毛剑青作为贵州唯一的候选人入选"2016年中国文化产业年度人物"30强。

机缘：源于民族歌舞强磁力的作用

说起如何结缘《多彩贵州风》，还得从 2005 年的首届黄果树瀑布节说起。"来自全省 9 个市州的民族民间文化精英同台献艺，为黄果树瀑布节的开幕式奉上了一套精彩纷呈的文化歌舞盛宴，那就是《多彩贵州风》的雏形。"毛剑青说。同一年，贵州省在上海召开的招商引资推介会上，从室外广场版到剧院剧场版的《多彩贵州风》作为重点推介招商项目，走进她的心里。作为天生就喜欢文艺的她，深深被独特而神秘的贵州民族文化所吸引。于是，她来到了贵州。

2006 年 1 月，多彩贵州文化艺术有限公司成立，由我国著名导演丁伟打造的新版《多彩贵州风》精彩亮相，节目精致、精湛、精美，成为一张亮丽的贵州旅游文化名片。

"如何将它推向旅游市场，去接受票房的考验，这是非常严酷的、充满挑战性的现实问题，在贵州的文化旅游史上还是第一次。"毛剑青说，《多彩贵州风》就是从这一张票一张票的推广营销中慢慢成长起来的。

以演出带动贵州旅游增长，这个发展方向从毛剑青接手的那天起就已既定。政府将贵阳大剧院这一国有资产交给毛剑青托管时非常直接地向她算了一笔"大账"：每年来贵州的游客约 50 万，用一台演出留住他们，吃、住、行、游、购、娱，所有消费加起来至少每人 1000 元，50 万游客的总量就是 50 亿元。

她承担着以演艺带动旅游收入增长的压力，她成立了专门的营销团队，一张票一张票地推广营销，一家旅行社一家旅行地推荐，把演出植入到各大旅行社的旅游路线规划中，把产品推向客户的源头。

纵观全国各地的山水实景演出项目，暴露出最大问题就是运营能力和持续发展能力相对薄弱，"不少地方斥重金打造一台演出，往往就是参评几个奖项或是巡演几场旅游景点进行驻场演也又难于持续营运，没能产生对旅游的支撑作用。"毛剑青发现这些普遍存在的问题，更坚定了自己将演出做成产业的想法。

蝶变：由一台演出到文旅产业的演绎

从 2005 年到 2016 年之间，《多彩贵州风》已完成从一台演艺发展为一个旅游文化产业圈的布局，结合团队演艺人力优势资源，形成集群效应，整合各方资源，打造旅游项目服务、创意、策划等方面的运营，同时也运用互联网进行旅游景点门票的销售，形成完整的产业链条。演出超过 4200 场，累计接待海内外观众 500 多万人次，今年将加入更多现代科技元素，完成第 5 个版本的敲定。

讲述黔东南地区苗族文化的《蝴蝶妈妈》，讲述安顺屯堡文化的《大明屯堡》，讲述六盘水风情的《云上凉都》，都在今年陆续上演。这三部戏均由多彩贵州文化艺术股份有限公司出品，在贵阳大剧院首演之后，又分别在各地进行驻地演出，或展开国内外巡演、参评艺术奖项等。

市场演艺的经验让毛剑青明白，市场运营是公司的核心竞争力，她也因此产生以《多彩贵州风》为起点，打造贵州旅游集散地的新想法。

"想要打造拥有长久活力的演艺，成本控制和切合实际都是必要因素，一个作品是否成功，在于它是不是符合旅游市场需求。"毛剑青认为，按《多彩贵州风》的模式，针对不同地区民族文化特点，为他们量身定制独特的民族文化风情演艺。按照这一思路，毛剑青开始扩张新的版图。毛剑青说："如今的《多彩贵州风》已经不是一场简单的演出，而是从文化为旅游服务的角度出发，逐步搭建起来的平台，已成为贵州旅游的集散地。"每天清晨，毛剑青都要召集同事们一起制定营销计划、定下营销任务，然后和大家一起去跑旅行社、宾馆、企事业单位，哪怕是为了一张门票，也不惜东奔西走。没有节假日，没有亲情相伴，每天都被繁忙的事务与各种困难所淹没。

从 2006 年 9 月到 12 月，毛剑青率《多彩贵州风》剧组进行了历时 3 个多月横贯祖国东西南北 25000 多公里的"文化远征"，60 余人的演出队伍，6 辆超长货车的服装、道具，走遍了北京、上海等全国 25 个中心城市。精彩的巡演在神州大地刮起了一场"多彩贵州风"。从公司成立以来，艺术怎样与市场融合，是毛剑青一直苦苦思索的问题，她和大家不断探索着对《多彩贵州风》进行改版提升。

2010 年，在《多彩贵州风》经历了原生态版、经典版、民俗版、剧场版之后，公司对这台演出再次投入巨资，增添了 LED 等高科技舞美道具，同时对舞台表现形式也进行了创新，推出了第五版——综艺旅游版《多彩贵州风》。十多年风风雨雨，《多彩贵州风》不断成长，与《印象刘三姐》《云南映象》并称为"西南三部曲"。

扶贫：贵州多彩风，温暖贫困生

在公司加速朝着国际化、集团化、金融化、产业化方向发展，聚集文化、旅游、影视、金融、资本等产业资源融合，打造国内著名、国际知名的文化旅游产业、集群的同时，强化对"十三五"贵州省脱贫攻关的贡献度。多彩贵州风艺术团，演职人员 500 多人，大部分来自贫困山区，不仅为他们提供就业、就学机会还传授其更多的艺术技能，帮助扶志、扶智，达到很好的效果。

同时，不忘企业的社会责任，关注更多的贫困家庭孩子，已成功举办四届"贵州旅游水滴微公益晚会"；已落成"多彩风希望图书馆"24所；在贵州大剧场组建了"多彩贵州漂流书屋"，为山区贫困学生打开了一扇风景秀美的精神之窗。

百年："红磨坊"一样演下去

多年来，毛剑青与她的团队一直坚持以贵州民族特色文化为核心的产业发展思路。公司成立了多彩贵州艺术学校、多彩贵州艺术团，形成了精品舞台艺术、国际文化交流、影视创意拍摄、旅游城市与景区营销推广等多元化发展格局。

毛剑青并不仅仅满足于《多彩贵州风》与旅游市场的成功融合，她希望这台演出衍生出更多的剧目，带动起省内其他地区文化旅游的发展，于是近年来开始尝试与省内部分州市合作塑造地域形象艺术产品，几台作为地方文化品牌打造的驻场晚会首演之后即获得了热烈反响。

2015年5月，毛剑青团队与茅台集团联合打造的一部以茅台为背景的中国酒文化精品舞台剧《天香》在贵阳大剧院成功首演；2016年10月，与安顺经济开发区合作打造的国内首个屯堡文化主题演出《大明屯堡》，在安顺开发区多彩万象旅游城首演并正式运营；2016年11月，与六盘水市政府携手打造的大型旅游驻场晚会《云上凉都》在当地成功首演；大型舞剧《蝴蝶妈妈》已成为继歌舞《多彩贵州风》后的又一舞台精品，成为全省三大重点剧目之一。

《多彩贵州风》走出的文旅融合创新之路，使多彩贵州文化艺术股份有限公司在业界引人注目。2006 年，公司被文化部评为"国家文化产业示范基地"；2007 年被商务部、文化部、国家广电总局、国家新闻总署评为"国家文化出口重点企业"；2010 年荣登文化部、国家旅游局颁布的《国家文化旅游重点项目名录》；2012 年获得"全国文化体制改革先进单位"荣誉……

毛剑青心中，还有很多愿望和计划：让《多彩贵州风》像法国《红磨坊》一样长盛不衰地演下去，演上百年；下一个十年，将是公司以文化旅游演艺为杠杆，进入市场拼搏、拓展和壮大的时期。其意义有二：其一，《多彩贵州风》成了贵州文化的外宣品牌；其二，承载着贵州对外旅游宣传和文化交流重任的同时，也肩负起了探索贵州文化产业的举旗之责。

在毛剑青的带领下，全体员工的努力下，公司先后被评为国家文化产业示范基地、国家文化出口重点企业、全国文化体制改革工作先进单位、贵州省文化体制改革工作先进单位、贵州省文化产业示范基地、贵州旅游宣传推广特别贡献奖、贵州自主创新品牌 100 强、贵州十佳旅游营销奖等荣誉称号；公司在 2016 年成功挂牌新三板，成为贵州文旅第一股，公司计划于 2020 年创业板市场。多年来，毛剑青个人也被评为贵州文化体制改革工作先进个人、贵州甲秀文化人才、贵州省十二届人大代表。在 2016 年《光明日报》开展的"中国文化产业年度人物"评选活动中，毛剑青从 100 名评选中成为贵州唯一入围前 30 名，并最终获得了《光明日报》2016 年度中国文化产业年度人物提名奖。2017 年，毛剑青再度入选"2017 中国文化产业年度人物"100 名候选人名单。用毛剑青的话说，"如今的《多彩贵州风》已经不是一场简单的演出，而是从文化旅游融合发展的角度出发，逐步搭建起来的平台，未来也将成为贵州旅游的集散地。"《多彩贵州风》13 年的发展历程，倾注着毛剑青的心血与汗水，毛剑青也将继续带领团队为贵州的文化旅游产业做出积极的贡献。

郑传玖

"吉他大王"显威风　一把吉他一座城

颁奖词：一把吉他，弹出返乡农民工创业致富新篇章。

　　"南雁"北归还，吉他"琴声"远。以打工起家，从小工做到厂长，从厂长到创建自己的神曲乐器。2013年返乡成立了第一家吉他生产企业，在他的感召和带领下，正安县逐步汇聚起集乐器制造及配套企业54家的吉他产业园，带动就业13000余人，带动4600多名贫困户脱贫。郑传玖和他的吉他的故事，成为返乡创业、文产扶贫的经典案例。

凤还巢：兄弟奏起吉他"神曲"

一个普通的农民工，你很难把他和吉他联系在一起。但就是这个人，回到家乡正安，建起了神曲吉他加工厂，并带动了更多在外的正安人返乡从事吉他生产，一个国际吉他园也因此"无中生有"在正安经济技术开发区诞生。

他叫郑传玖，正安县安场镇人。20世纪90年代，郑传玖从家乡来到广州，进过建筑工地、打过各种零工，最后在吉他厂一干就是7年。最初，郑传玖从简单的工序做起，木工、喷漆、打磨……虽然很枯燥，但是每道工序他都学得十分认真。郑传玖很快便掌握了相关技术，成了厂里的骨干。几年的时间，他从一名普通工人被提拔为车间主任，再后来，又当上了生产厂长。

2007年5月，郑传玖和哥哥郑传祥一起，创办了广州神曲乐器有限公司，代工生产塔吉玛等世界知名品牌吉他。由于技术过硬，郑传玖的吉他制造厂与塔吉玛签订的订单逐年上升，随后，日本依班纳等世界知名吉他品牌公司也纷纷前来签订订单合同。

事实上，早在20世纪80年代，正安县就有人进入乐器厂当工人，制作吉他。后来老乡带老乡，像滚雪球一样，进入这一行业的正安人越来越多。郑传玖说："那时候，每年春节，我都会回家过年，我是一个正安人，一直想为家乡做点事，以前在广州创业的时候，正安的领导就多次到神曲公司考察，邀请我回来创业。"

2013年，作为外出务工杰出代表的郑传玖、郑传祥兄弟在当地政府的感召下回乡创业，将他们的吉他制造厂迁到正安。他们觉得自己有所成就，就该回报家乡。在县政府的优惠政策和"商带商"影响下，他们组织福建、广东等地的相关产业到该地投资建厂，越来越多的吉他制造企业相继落户，逐渐形成了 54 家的规模，其中有 37 家生产企业、17 家配套企业，这就形成了正安国际吉他产业园的初始格局。他们发挥产业集聚优势，正安成了目前国内吉他产业集聚度最高的地区。

郑传玖真正把正安变成了"吉他之城"。据当地政府表示，预计到 2020 年，该县吉他年产量将达到 1000 万把，产值可达 100 亿元。郑传玖"弹起吉他唱起歌"，用歌声汇报贵州正安县吉他产业的发展。

在贵阳召开的国际大数据产业博览会上，阿里巴巴董事局主席马云为远销美国的正安吉他点赞。

"吉他大王"郑传玖对马云清晰地说出一组数据："正安这家卖美国小吉他的企业，天猫在线 3 款吉他累计销量达 83 万把，平均一天 3000—4000 把，最热销的一款月售两万多把，排在天猫第一。"

2018 年，正安吉他年产销 600 万把；国内销售约 240 万把，出口 360 万把。电商销售 3.5 亿元，实现进出口总额 2138 万美元。

正安吉他遍布全球五大洲的 30 多个国家，它是亚洲市场的 20%，美国市场的 30%，巴西市场的 40%。

弹乡愁：吉他脱贫谱新曲

郑传玖的神曲公司优先接纳贫困户就业，2018 年公司年产吉他 70 万把，产值 7 亿元，已解决了 713 人就业，其中建档立卡精准扶贫人口 141 人，平均每月工资在 3000 元左右。公司还规定了优待政策，比如两夫妻的父母超过 65 岁的，每人每月给其父母补助 150 元的生活费，如果有孩子在附近读书的，公司还免费提供食宿。

致富不忘乡邻。出于难舍的家乡情结，带动更多的正安乡友返乡创业。郑传玖的创业经历，引来了朋友和老乡的跟进。同为正安人并在外从事吉他产业多年的刘江波、赵山也把公司迁回了正安。

倾情相助，扶贫济困暖人心。2017年4月，神曲公司向洋坎村赠送球衣、校服，2017年11月该公司又向碧峰小学赠送吉他120把、热水器10台；2014年至2017年分别向16位贫困大学生每年每人捐赠2000—5000元不等的助学金。2018年3月为配合和溪镇春风行动就业扶贫工作，神曲公司在和溪镇定向招工，向他们提供特殊待遇，并每人赠送棉被、枕头、床单一套；凡精准扶贫人口每人每月增发200元工资；为和溪镇解决贫困人口就业160余人。此外，神曲公司正在实施"1+1+1"行动：自2018年起神曲公司每出货1把吉他就提取1元钱帮助1户家庭，如：神曲公司2018年出货50万把吉他，就有50万元存入"1+1+1"行动专用账户，此项行动主要是为了应急救济正安县那些突发灾难的贫困人口及资助部分贫困家庭大学生就学。

走进"正安·国际吉他园"，宛如进入吉他的世界：在展厅，各式各样的吉他令人目不暇接；在台上，吉他爱好者随性弹奏着欢快的乐曲；而在生产车间里，工人们正在忙着黏合、喷漆、组装、调音……2018年，正安国际吉他产业园已实现产销吉他600万把、产值约60亿元，解决就业13978人，其中贫困人口1294人、带动6690人脱贫。梳理走过的心路历程，郑传玖显得十分平静。在他的内心深处，一直深藏着一个梦想：打造"中国唯一，世界一流"的吉他产业，建成全球最大的吉他制造基地，带动更多的乡亲脱贫致富奔小康。

哺故土：大山里吹响进行曲

2013 年，上海开始了对遵义的对口帮扶，这对正安吉他产业的发展意味着什么？市场。

目前产业园内已入驻的吉他生产及配套企业 54 家，规模效应明显。一方面，利用上海市场的大流通优势，正安吉他的销路得到了有效拓展。数据显示，2018 年，单销往上海的吉他就达 12000 多把；另一方面，借助上海国际化展会的平台，正安吉他走上了世界舞台，2018 年上海国际乐器展上，正安吉他签约订单 42.58 万把，销售额达 2.08 亿元。

同时，在上海有关方面的支持和推动下，2018 年中国上海国际艺术节首次做客正安。

"吉他产业是正安文化的一张名片，我们会做大做强这张名片。"上海援黔干部，正安县委常委、副县长李国文说，政府部门将大力支持当地特色产业持续做大做强，"一方面继续做好上海市场的对接，同时加大电商等渠道的推广力度，包括文旅融合上也会做一些尝试，拉动当地经济持续发展。"在一个吉他展示厅内，放置着各种各样的吉他，有外国知名品牌代工的贴牌产品，也有当地自主品牌的产品线。"除了一些大师琴，国际市场上在售的吉他，一半左右都产自正安。其实我们自主品牌的吉他，在音质上并不比国外贴牌的差，市场上价值几万元的吉他，这里只要几千，价格非常实惠，对于吉他爱好者、演奏者来说，是非常不错的选择。"如今的吉他产业园并不是一个景点，但很多游客已经慕名而来，参观的同时也有不少人希望可以在现场购买，品质保证加上出厂的价格优势，未来，在文旅融合的路上，吉他或将弹出一曲不一样的旋律。

素有"黔北门户"之称的正安县，是贵州省遵义市所辖的唯一一个深度贫困县。然而，你一定无法想象，全球销售的10把吉他中，近一半产自这里。这个藏在大山深处的吉他世界工厂被称作"吉他界的富士康"。

2018年正安县产销吉他600万把，产值60亿元。世界十大吉他品牌中芬达、依斑娜、雅马哈等六大品牌在这里贴牌代工生产。吉他，已经成为这里脱贫攻坚强的生力军。

两会期间，郑传玖建议把正安国际吉他产业园纳入国家级文化产业示范园区，让本地吉他产业享受到更优惠的政策。

郑传玖至成立公司以来，通过不懈的坚持与努力，一步步得到社会的认可，于2015年11月荣获贵州省第二届返乡农民工创业之星称号；2015年12月荣获遵义市劳动模范荣誉称号；2016年荣获爱心企业称号；2016年12月荣获贵州省工艺美术大师荣誉称号；2016年度评为安全生产先进企业；2016年9月荣获遵义联盟创业之星称号；2017年3月荣获全省就业先进企业称号；2017年8月荣获中共遵义市委统战部十佳贡献奖。

张　超

我用音乐打造贵州名片

颁奖词：深情歌唱，传颂贵州。

　　他是中国民族风音乐代表人物，著名音乐创作人，《自由飞翔》《荷塘月色》《最炫民族风》《我在贵州等你》《不要在我寂寞的时候说爱我》《恋人心》等众多金曲脍炙人口。如今，他专注于歌唱贵州、传颂贵州，中国音乐地理·贵州专辑《一步青山一首歌》正式发布，《阳光盛开的地方》《大地之心》《贵州人》等微电影和歌曲正式发布，他正在用自己的热情和才华，打造自己的音乐版图，传播贵州的好声音。

　　张超，贵州凯里人，2015年中央电视台中国十大青年作曲家，中国民族风音乐代表人物，金牌音乐制作人，贵州省省管专家，贵州省音协流行音乐学会会长，贵州省文化产业"十佳人物"，贵州省"优秀春晖使者"，贵州省贵阳市南明区文化旅游形象大使，被誉为"中国神曲教父"，曾为国内人气组合凤凰传奇、杨钰莹、郑源、格格、胡歌、欢子等流行歌手创作了上百首作品，同时创作广告配乐、影视歌曲十余首，拥有独立音乐制作版权。

　　张超植根于贵州民族文化，他的作品饱含对家乡的深情，2002年开始陆续创作了《蝴蝶妈妈》《哭嫁》《仰阿莎》等透着浓浓"黔味"的流行民族歌曲。2012年，他为家乡贵州专门打造了一张全新专辑《我在贵州等你》，旨在宣传贵州民族风情和文化，让贵州好声音声名远播。作为新时代贵州文化传播者，他始终把握国内音乐脉搏，不断学习，紧跟时代节奏，创作了《最炫民族风》《自由飞翔》《荷塘月色》《奢香夫人》《不是因为寂寞才想你》《恋人心》等流行金曲，其作品脍炙人口，传唱率极高，被媒体誉为"金曲狂人"，网民则惊叹为"神曲教父"。

　　"我在贵州等你，等你和我相遇，等待如此美丽……"无论是看贵州电视台的天气预报栏目，还是拨打手机时听到的彩铃，这首《我在贵州等你》的悠扬旋律都会在你的耳边萦绕。

　　2013年10月18日，"凤凰传奇"的御用音乐制作人张超带着歌曲《我在贵州等你》登上浙江卫视《中国梦想秀》的舞台，感动了在场的评委和观众，也让大多数全国观众第一次听到这首歌。

一开始便有的家乡音乐情结

张超自幼热爱音乐，进入大学，张超学习的是中文系汉语言文学专业，和同学组成了乐队。大学刚毕业的时候，张超到一个学校去教语文。然而在学校教书不到半年的时候，张超辞去工作，走上音乐创作的道路。没有经过专业音乐训练的张超，通过上网搜寻教材，自学完成了音乐小样的制作。2002年开始，张超陆续创作了《蝴蝶妈妈》《哭嫁》《仰阿莎》等透着浓浓"黔味"的流行民族歌曲。张超说，他有很强的"贵州情结"。

作为"凤凰传奇"的御用音乐制作人，在创作了众多红遍大江南北的流行金曲后，张超想为家乡贵州写一首广为传唱的歌曲。随后，他找到贵州著名词人玉镯儿。2012年，张超推出了自己出资发行的音乐专辑《我在贵州等你》。

专辑同名主打歌创作出来后，得到圈内人士的好评。但由于歌词中的"贵州"二字，商业推广价值受到很大的限制。加上没有找到合适的歌手来演唱，朋友们都劝张超放弃这个"吃力不讨好"的想法，但张超选择了坚持。

2013年10月18日，张超以"草根"选手的身份站上《中国梦想秀》的舞台。张超说，第一次以歌手的身份参加节目，他顶着巨大压力。当他唱完歌曲后，现场观众和评委响起了热烈的掌声，主持人周立波还提议让全场的观众一起合唱。"这一段大合唱，由于时间关系没有播出，但这一幕让我忍不住在舞台上掩面而泣。第一次听到那么多人演唱我为家乡写的歌，真的特别感动。"最终，张超以245票的高票数，成功拿到了进入2013《中国梦想秀》年终梦想盛典的入场券。

"在梦想盛典上，和龚琳娜老师一起合唱《我在贵州等你》，算是我的音乐地图第一站完美收官，也算实现了一个心愿。但《我在贵州等你》只是我'音乐地图'的一个起点，接下来，还会继续延伸，完成真正意义上的音乐旅行，作品中会不断吸收各地的民族音乐元素。最后，我会把采风到过的每个地方写成一首歌。"张超满脸微笑地说着他的音乐理想。

坚持留在贵州做纯粹的音乐

2012年12月，在普安采风的过程中，张超被不识文字、却能读简谱五线谱，没有接受过专业的声乐教育、却能用多声部形式演唱贝多芬的《欢乐颂》、福斯特的《故乡的亲人》等名曲的苗族同胞所打动。随后，张超写下了"什么样的节奏是最呀最摇摆，什么样的歌声才是最开怀"。而这正是如今已在全球走红，被网友誉为"华语第一神曲"的《最炫民族风》。

"看到他们与山和声，与天齐奏的画面时，我就在想，其实音乐的动机很简单，就是真诚的表达，只要真诚，何言音乐无味。就像很多人都问我，在贵州怎么做音乐，去北京才能大有所为，我偏不信这个邪，就要留在贵州做音乐。"张超语气坚定地说，只有留在贵州，才能获得纯粹和安静的创作空间。

张超之前曾收到不少知名音乐公司的邀约，让他到北京、上海工作，开出的待遇也非常丰厚，从音乐总监到公司合伙人，"如果我选择过去，现在可能也算土豪了。"张超笑着说道。

张超说，他经常会接到从北上广等地打来的电话，都是邀约他参加各类活动。很多次，对方都以为他就在北京工作，当听到他的工作室在贵阳时，都会很惊讶地问："你为什么会在贵阳？""我一直在贵阳啊。"就是这样，张超选择坚守在家乡贵州创作他的民族流行音乐。

美景与音乐最天然的"姻缘"

除了同名主打歌，专辑《我在贵州等你》还收录了《你的北京我的西江》《青雨青岩》等与贵州多个景区密切相关、融入了当地不同民族音乐元素的歌曲。张超告诉记者，把地名、景区名写进歌里，就是希望通过音乐来让更多人知道贵州的美景。

"20世纪80年代初期，《太阳岛》《神奇的九寨》等歌曲，让旅游地因歌而声名鹊起。"张超说，希望自己能用音乐为家乡尽一点绵薄之力。

《你的北京我的西江》与张超的童年密切相关，"小时候，我在黔东南生活了很多年，那时就去过西江，感情很深。"张超说，后来自己长大了，西江也渐渐成了著名的旅游景点，但是他每次去，发现寨子里放的都是丽江街头的歌，"西江有自己独特的魅力，应该有属于自己的歌。"

2012年年初，《你的北京我的西江》推出后，迅速进入各大网络音乐排行榜的前三名。但也有对贵州不熟悉的网友留言询问西江在哪里？更有网友质疑会不会是丽江。看到这些，张超更坚定了要用好音乐让更多的人了解贵州、认识贵州的想法。

同样，《青雨青岩》也是张超为著名的青岩古镇量身创作的一首民族流行歌曲，"就在那个初雨后的小镇，沿着石板街道看风景……"为把青岩古镇特有的意境描绘出来，张超特意邀请国内知名词人多次到青岩采风。

"美景与音乐的结合，是一种最天然的姻缘，把两者带给人的美感相叠加，音乐就不再是纯听觉的艺术，而是听到声音就看到了画面，自然也就有了想去的冲动。"张超说，青岩的特色和美丽不逊任何古镇，既然电影

《寻枪》已经让不少人初识青岩，再用《青雨青岩》加一把力，让雨中宁静而古朴的青岩成为听者的向往之地。

我为你歌一步青山一首歌

张超居住的城市，在贵州。他写歌，有些名气，放弃北京大把好机遇，安然定居贵阳，依从自己的心意，写自己的歌。

张超居住的小区，在城郊。他上班，有些距离，需要穿越大半个城区，经历车流拥堵，耗上一两个小时，才堪堪到达。

但他愿意。

推开家里的窗户，皂角树高高，而皂角扁长，垂挂在树枝上，风过时，微微晃荡；清早，林子里的鸟儿叽叽喳喳，听得多了，自然会知晓，是否有新鸟来到。

若是夏夜，可枕着虫鸣安睡；若是春日，可就着花香品茗。

若是晴天，就带着孩子看星星；若是雨天，便任由雨滴，把窗扉当作钢琴弹奏……

这就是张超居住的地方。他热爱的一切，都在贵州。

"贵州的青山绿水并非遥不可及，它就在我们普通人的生活里，这是最难得、最可贵的！"张超说，"这样的贵州，我怎能不为她歌唱？"

于是，便有了《我在贵州等你》——

"等到天都蓝了，等到云都白了，等到每缕微风都带着醉意……"

2012 年 7 月，浙江卫视《中国梦想秀》的舞台上，张超创作的《我在贵州等你》，让无数人对纯净安然的贵州充满向往。

歌曲的成功，让张超产生了一种强烈的使命感：贵州拥有丰富多彩的生态资源和生态文化，却不为人们所熟知。这些美好，应该让更多人了解！

于是，便有了张超中国音乐地理·贵州专辑《一步青山一首歌》——"你一步青山一首歌，我一秀绿水一声唱……"

历时 5 年，张超行走贵州多地，在大榕树下与乡民对歌，在韭菜坪上赏彝家小调，在习水土城听艄公号子，在荔波茂兰寻草木轻语，在湄潭茶海品春天味道……2017 年 8 月，《一步青山一首歌》正式发布，收录了张超创作的 15 首歌曲及创作小记、采风见闻，与精美的蜡染图案组合在一起，就是一本声情并茂的贵州山水笔记。

专辑推出后，在 QQ、百度、网易、虾米、酷狗等各大音乐平台及优酷、爱奇艺等视频网站均表现不俗，点播不断。

目前，歌曲网络视听总量已超过 5000 万次，并出现了多种翻唱、改编版本。乘着歌声的翅膀，贵州好生态越唱越"响亮"。

而张超的歌唱，并未停止——

乐军扶贫传递贵州好声音

2018 年 3 月 18 日，张超根据市场变化和发展趋势，成立了贵阳荷塘月色音乐文化传播有限公司（新荷塘），对原老荷塘月色公司进行了改组优化。近期，他又组建了张超童声合唱团，为孩子们的合唱曲目创作新歌中，并尝试为古诗词谱新曲，以符合现代听觉美感的旋律，来翻唱传统经典，站在不同的地方观赏皓月。

"很多音乐人选择过清闲的生活，但是我不行，我一旦闲下来反而会缺乏创作的动力。"现在的张超已经习惯了这种一边创作，一边工作的忙碌状态。

张超，被家乡人真心赞誉为贵州民间旅游推广的无冕之王，他专注于歌唱贵州、传颂贵州，《我在贵州等你》已经成为贵州每个 KTV 媒体（歌厅）都要点很多遍的金曲，更成为外地游客哼哼唱唱，走近走到贵州的重要理由。《我在贵州等你》，不再只是一首歌曲，无形中它已成为一张贵州旅游宣传名片。

张超自中国音乐地理专辑《一步青山一首歌》发布后，荷塘月色音乐咖啡厅等一系列文创空间诞生，将文化与旅游的结合，立足音乐品牌，打造文化产业是张超公司现在的主要发展方向。一座城，一首歌，贵州拥有庞大的旅游资源，张超希望通过音乐把家乡推介出去。

"躺下是条河流，站起是座高山，我是一棵行走的树……"2018 年 7 月，贵州省委外宣办公布了省委宣传部组织创作的一批优秀歌曲，张超创作的《大地之心》就在其中。

歌曲以从江岜沙苗寨栽种"生命树"的习俗为引，通过优美又极具贵州特色的旋律、简洁又不失丰富内涵的歌词，生动且深刻地展现了贵州"天人合一"的生态智慧、青山绿水的生态美景。

"有青山绿水相伴，是贵州人的幸运。把绿水青山唱响，是我最大的心愿。"张超这样诠释自己的创作动机。

同年，为加快贵州省生态家禽产业发展，张超为"贵州飞鸡"代言，公益参与宣传片拍摄，为家乡脱贫攻坚工作尽一份来自音乐人领域的力量。

坚守艺术理想，扎根基层，以真诚的心创作好的作品，借助音乐品牌，开发文旅产业，做好"音乐＋旅游"产业发展，展现贵州特色，积极投身于"乐军扶贫"，传递贵州好声音。

何可仁

守一片丹心　传三线精神

颁奖词：弘扬长征精神，树时代创新楷模。

他带领公司实现了大型国有生产型企业向投资型企业的华丽转身。响应文化繁荣发展的号召，依托三线企业老厂房，策划、投资、建设、运营文化产业园区，一步一个脚印，成功走出了转型发展之路。何可仁同志打造的遵义 1964 文化创意园，是三线文化与现代文化、三线精神与时代精神的有机融合，是三线建设遗址保护和利用的成功典范案例。1964 开园以来，先后接待国家各部委及兄弟省区市领导的参观、考察和调研，园区累计接待各类人员 200 余万人次。

不忘初心，坚守三线建设的遵义记忆

遵义长征产业投资有限公司的党委书记、董事长何可仁，不忘初心，开拓创新，带领公司员工把一个老旧的厂区、斑驳的厂房，蜕变成为一个集创意、时尚、休闲、怀旧于一体的遵义文化新地标，为遵义工业遗产保护和利用，推进遵义文化创意产业发展做出了突出贡献。

何可仁自 1982 年从北京理工大学飞行器工程专业毕业后，先后任职于〇六一基地 302 研究所和贵州长征电器集团公司。身在三线企业，何可仁和多数职工一样，有着强烈的三线文化情结，希望在遵义这片热土上让三线文化的种子根植大地，枝繁叶茂，让三线精神代代相传。

20 世纪 60 年代，一支由上海电器公司抽调的精兵强将组成的队伍，根据国家"一、二、三线的战略布局和建设大三线"的指示，满怀热爱祖国的热情，奔赴条件艰苦的黔北高原，开始西南最大的低压电器生产基地——长征电器基地的建设。

何可仁在长征电器任职期间，企业经历了改革改制及政策性破产重组。他深知，市政规划迅速刷新着城市面貌，老厂房很快会被拆除，那时梧桐树荫、红砖厂房、标志塔楼……这些遵义人记忆中熟悉的符号将被新的城市地标所取代，逐渐退出历史舞台。而当年那些"三线人"从大城市奔赴黔北的义无反顾，那些伴随遵义人成长的深刻印记，也将随之被抹去。

何可仁这个有着三线文化情结的人，割舍不下老一辈三线建设者留下的精神财富，渴望留下一座当年的厂房，保留一处这座城市的工业遗迹和历史记忆。

如何保留？何可仁思索着。

锐意创新，老厂房焕发新活力

在何可仁看来，三线人在当时带入遵义的理念、技术、设备都是先进的，"艰苦创业、无私奉献、团结协作、开拓创新"的三线精神，不该成为过时的产物，传承和发扬三线精神更要用新的形式来呈现。他在调研并从北京 798、上海 M50 等运营成功的案例中得到启发，决定对原长征公司所属长征十二厂老厂房进行改造，使其变身为功能完善的文化创意园，发展文化产业，并在园区内打造免费面向市民开放的三线建设博物馆和美术馆，让大家既可追忆历史，也能够感知潮流，让老厂房焕发新活力。

在何可仁的带领下，高起点定位、高标准设计、高速度建设园区。历时一年，一个时代特色鲜明、文化符号强烈的文化园区应运而生。为了让更多的人铭记历史，向三线建设者致敬，园区以三线建设起始年"1964"命名。2016 年，一个由老厂房华丽转身的遵义 1964 文化创意园展示在遵义市民和游客面前，园区内高大整齐的红砖厂房、梧桐树广场、岁月广场、玉兰园、随处存列的机器设备、三线建设博物馆、1964 美术馆、多功能厅、音乐酒馆、咖啡厅，三线工业元素、创意设计与时尚文化多元共生，相互融合，让人沉浸在历史与现实的时光交融中。

"三线建设，对遵义的经济社会做出了重大的贡献，也为遵义留下了具有历史、文化、技术、建筑等社会价值的工业文化遗产。我们决定用老厂房改建成文化园区，是为了保留城市历史，弘扬三线文化，传承三线精神。"何可仁介绍说。

文化创意留住了激情的峥嵘岁月

遵义 1964 文化创意园的建成并开园，在历史与现实、工业遗产与现代生活中，承载 50 年三线建设的历史和情怀，展示今天创意生活的时尚与美好。何可仁希望，通过三线建设时期的机器、设备、产品、生产生活用品、场景还原等实物载体，来记录和展示遵义三线建设企业的辉煌和风采，展现遵义三线建设取得的伟大成就，用三线精神激励我们奋力走好新时代的长征路。

已经返回上海安度晚年的老长征人来了，分散在祖国各地三线建设者来了，园区内的三线建设博物馆里，他们踌躇不前，泪流满面，为青春的美好，为激情的壮烈，也为那激情燃烧的岁月。年轻的创业者来了，他们喜欢这具有历史沧桑感和文化底蕴的空间，历史与今天的交汇，让他们的灵感迸发，创意泉涌。全国各地从事三线建设研究的专家、学者、团队来了，他们在这里考察、调研、组织召开三线建设专题论坛，深入研究和阐释三线建设的核心内容和时代意义，宣传和弘扬三线精神。厂区留在那里，留住了曾经的峥嵘岁月，留住了曾经的辉煌，让生活在这里的人得以每天面对依旧有温度的历史，从中焕发新的生机。

自开园以年来，1964 文化创意园作为文化旅游休闲、文化创意产业的聚集地，其主题定位、改造效果、业态布局、运营状况得到了各级政府、省内外专家学者、广大民众和三线人的高度关注与好评，现已作为中国三线建设研讨会指定研讨基地，成为中央、各省、直辖市、自治区来遵领导的主要参观和考察点，获得"全国十大特色园区"称号，业界专家评价1964 文化创意园为"三线建设遗址保护和利用的成功典范案例"。

一分耕耘成就了遵义市的文化地标

遵义 1964 文化创意园能完整保留、开发利用、创新发展，关键是以何可仁董事长为领导的团队对三线矢志不渝的情感。"在他身上最值得我敬重的是他的创业精神，特别是在 1964 文化创意园项目建设过程中，无论是周六周日，还是节假日，都能在施工现场看到他的身影，他这种身先士卒、脚踏实地，艰苦创业的精神，是值得我、也值得我们公司广大员工学习的。"遵义 1964 文化创意园管理有限公司总经理罗德生说。

游客张林说，他看了三线建设博物馆以后，感触很深，三线建设者无私奉献的精神永远值得我们学习。

遵义 1964 文化创意园主要业态为创意设计、艺术创作、艺术教育培训、文化交流、艺术作品展览、三线文化展示、文化休闲娱乐等，园内入驻商家 72 家，解决就业 1260 人。"去年大学毕业我就来到了王静 1964 餐厅，现在我平均工资 4000 元。"遵义 1964 文化创意园王静餐厅服务员李仕芳说。

一分耕耘，一分收获，何可仁自大学毕业后，从一名普通的技术员做起，下企业、到车间，抛洒青春和汗水，研发高科技产品，开创遵义文化创意园区先河，是一位工业和文化战线上的优秀代表。先后获得市级先进个人和"15851 人才精英工程"人才等多项荣誉，2017 年何可仁也因为主导策划、投资、建设、运营了遵义 1964 文化创意园，被省总工会授予全省五一劳动奖章。2018 年何可仁又被评为贵州省文化产业十佳人物。

何可仁说，1964 文化创意园已成为遵义市的文化地标、爱国主义教育基地，同时也是贵州省的文化创意示范基地、科普教育基地。目前，园区正在按照中共遵义市委、市人民政府的要求，把园区打造成国家级的文化示范园区而努力，从而真正实现园区社会效益和经济效益的双丰收。

张晓松

用大山的情怀打造世界飘香的名片

颁奖词：贵州文化旅游产业的理论研究者、实践操作者。

在10余个国家进行贵州文化推介与传播工作；出版学术专著13部，发表论文和田野报告30余篇；主持编制《贵州乡村旅游规划》等90余部文化旅游和乡村旅游规划；主持重大遗产保护与产业发展课题10余项；为贵州省乃至全国培训旅游管理干部和乡村旅游人才近万人；在近100个乡村与开展乡村旅游与民族手工艺传承创新公益性服务。大型学术专著《符号与仪式——贵州山地文明图典》荣获2007年中国政府出版奖；建设了贵州省首个旅游管理专业硕士点。她是贵州省文化旅游理论研究和发展实践的杰出代表。

古寨情怀：绣衣蕴含的民族情

"一个田野工作者，在乡村偶遇了一个人，你的心就和她连在一起，她的生活就和你的生活连在一起，一起相伴着走，这是我们生命中永远不可磨灭的印记，这样的乡村，这样的人，怎能不让我一次次地回去，什么叫乡愁？什么叫家？"

张晓松教授是贵州师范大学国际旅游文化学院原院长，作为人类学家的她从1992年开始走到田野中，研究贵州本土的少数民族的文化。在这个过程中，张教授和当地村民建立了良好的关系，彼此间发生了很多有趣的故事。其中张晓松教授就以在贵州季刀做田野调查的案例讲述了她对老手艺传承与发展的看法。她说："季刀是贵州省凯里市与雷山县交界的一个寨子。当时去季刀是和新西兰共同做了一个发展乡村旅游的项目。到季刀的第一印象就是脏乱差，人们的生活环境特别的糟糕。"张晓松教授说就是在那样的环境中她认识了仰（苗语发音）。走访过程中，张晓松发现，因为贫穷的原因，很多当地的村民把她们结婚时候的嫁衣几乎全部卖光。张晓松说那些被卖掉的嫁衣是苗族文化的血脉和传承，在了解到这种情况后，张晓松和同行的人立即决定在季刀村开展并实施"手牵手"项目中的"人与衣"计划。张晓松说："因为我们知道等仰她们这一代走了，她们这一代人的衣服也会随着她们走了，这个村子的传统技艺也会随之消失，这个村子仅有的一点文化遗存将不复存在，传统文化连根都拔了。"从那个时候开始，村里的妇女们就一点一点地琢磨练习双针绕线绣，虽然很难，但大家却很认真。一年多后，张晓松教授到季刀村。村里人悄悄地告诉她，仰说为她做衣服，说不让她讲，假装不知道。又过了半年多，在"手牵手"计划实施两周年的时候，张晓松刚到季刀村，就被仰拉到了家里。她让张晓松穿上了一件，她妈妈当年给她做的嫁衣，说要送给张晓松，向张晓松表达感谢。张晓松问她为什么要谢自己。仰说是张晓松让她学会了妈妈的手艺，她很高兴。后来，仰和村里的其他姐妹成了刺绣高手。各种图案的刺绣作品源源不断地在她们手上被创造出来。看到她们边刺绣边唱歌的场景，张晓松似乎有些内疚，自己带来的只不过是每月上千元的收入，而在她们的内心幸福竟如此简单。后来，张晓松渐渐地明白，这种传承其实在一定程度上满足了大家对幸福生活的追求，尽管微不足道，但这是实实在在的改变。张晓松看到她们脸上的笑容，觉得自己一切的付出都显得那么渺小、值得。

现如今，"古寨季刀"已经成了贵州一个非常有名、非常有亲和力的旅游目的地。近几年贵州已经开始由政府主导，打开了文化宣传推广的序幕，正在迈开大步，让世界知道贵州。张晓松表示，贵州的文化和世界话语融合时要知道别人对什么感兴趣。"我们要请大家走进来，和大家一起分享。文化推广时，合作、交流、分享、包容，这些是我们特别要学会的新理念，甚至是技术。这样的话能够帮助贵州迅速走出去。"同时也让学员打开了视野，用另一种视角看贵州和贵州的文化。

艺术魅力：用真情织就姐妹爱

杨二耶牛，从山姑妹到蜡染大师的故事，演绎了真情织就的姐妹爱。"虽然不识字，没有文化基础，但对于蜡染和刺绣，她却有着极高的天赋，所画作品和刺绣都独具特色，有着很高的艺术价值。"张晓松这样评价贵州丹寨扬武乡宰沙村39岁的杨二耶牛。

"她最擅长画蝴蝶妈妈，同样的蝴蝶，在她的笔下千姿百态，造型美丽而奇特。有的抽象，有的具体，有的玲珑，有的庞大，有的描实，有的写意。而且，她做蜡染从不打底稿，笔随心动，心牵蜡走，各种形象随手就来，不用尺不用量，横平竖直，曲线自如，绝无误笔，令人叹服。"张晓松说杨二耶牛能把蝴蝶妈妈的每个演变时期都画出来，从虫到蛹到初蝶再到成蝶，每个时期都大不相同，细细观察，别有味道。

在谈到杨二耶牛的作品时，张晓松满脸的阳光，而谈到她与杨二耶牛的相遇，话语中似乎带有几分伤感。

"以前做田野调查的时候，我见到过耶牛，她的蜡染和刺绣都很好，后来在贵阳的一个景区，我第二次见到她，一见面她就抱住了我，让我带她走，当时我只是大学里的一个穷老师，实在是没有能力帮助她。"张晓松说，第三次见到耶牛是在一个叫作宁杭的刺绣工厂里，当时是去参观，没有想到耶牛就在那些绣娘当中。看到我后，她又一次紧紧地抱住了我，依旧要和我走。正好那个时候张晓松担任"时光贵州"的文化顾问，开发商免费给张晓松提供了一栋用于文化交流和文化衍生品开发的办公楼。"创作场地有了，就缺散落在贵州民间的大师了，就这样，我把耶牛带回了'时光贵州'。"在那里，耶牛开始了她真正意义上的艺术创作。

"我和耶牛说，在这里你永远是自由的，你可以画你想画的任何东西，慢慢地她就成了我们千岛艺术馆里的驻站艺术家。现在很多搞艺术的大人小孩都来找她学画蜡染、刺绣，她的粉丝无数。"张晓松说真正的艺术就在民间，关键看我们如何去发现，让其发扬光大。

现在走进张晓松位于"时光贵州"的千岛艺术馆，落地玻璃窗里首先映入眼帘的就是耶牛的大幅蜡染作品。"她全部用粗麻布，并且很少用色，因此，每个作品更显得质朴、纯粹、古老，甚至弥漫着一种遥远的神秘色彩。这是其他苗族蜡染作品所不具备的，是绝不可替代的特色。"张晓松说耶牛的蜡染作品没有人可以替代，这就是艺术家独有的魅力。现在，耶牛在千岛艺术馆有自己的工作室，除了每月固定的几千元的收入，还有作品出售带来的经济收益。"她每天和一群学习蜡染的学生一起创作、唱歌。她们需要这样的创作平台，需要这种属于她们自己的生活。"张晓松说。

国际视野：让多彩贵州走上世界

在生态文明试验区贵阳国际研讨会"中瑞对话 2017"专题会上，来自中瑞两国的代表就"山地旅游、绿色发展"主题进行了交流探讨。

瑞士驻成都总领事范溢文："我们在旅游发展方面有着同样的 DNA，在我们的血液里都流淌着群山环绕、风光优美的旅游元素。因此，我们双方需要在学界、商界、政界开展多层次的合作，在不破坏自然生态的前提下，在大山中去发展旅游项目，来吸引人们的关注。"

贵州师范大学国际旅游文化学院教授张晓松："我们倡导贵州的山地旅游，增加地学科学旅游，我们可以开始做一些地质科普，让大家在快乐之中长知识、开眼界，认识地球和我们生命的关系。"

张晓松主要从事文化人类学和旅游产业研究。她提出，贵州与瑞士的亲缘关系可以追溯到三叠纪时期。历史上经历过五次生命大灭绝，其中的第三次是最惨烈的，那这次生物大灭绝以后，我们贵州和瑞士开始了由三叠纪最早的生命的复苏，这样的地质遗迹，至今保留在贵州和瑞士。

2013 年以来，贵州与瑞士先后举办了 5 次"中瑞对话"活动，双方在低碳项目开发、地质灾害预警等方面开展了深入合作。此前贵州成功举办了两届国际山地旅游大会。瑞士方面的代表们认为，"中瑞对话"以山地旅游为主题，将加深两地在旅游产业开发等方面的合作交流。

瑞士驻华使馆经济金融商务处主任谢达蔚："贵州和瑞士都拥有丰厚的

自然资产，要以可持续的方式来利用好这些资源，其中一个最重要的元素我认为是人，也就是我们怎样为游客创造好的旅游环境，让游客留下来。而这方面，瑞士是领先世界的，因此我们可以在这方面多进行交流。"

2006 年，张晓松考察游历了 30 多个国家后，在位于美国首都华盛顿的世界银行总部，向世界银行高官和专家们作了"中国贵州文化自然遗产保护与发展"的专题报告。她深深地打动了在座的各位，争取到世界银行6000 万美元项目长期贷款支持。

2011 年，一部表现贵州原生态的电影《云上太阳》，在美国赛多纳国际电影节荣获三项国际大奖。她立刻认识到这是宣传贵州的好机会，于是，在 2012 年的春节，她放弃和家人团圆的机会，与贵州省原旅游局局长杨胜明、《云上太阳》导演欧丑丑组成三人代表团，带上《云上太阳》走进美国。此次行程 15000 多英里，在 11 个州以及 7 所美国百年高校开展了贵州文化传播之旅。

张晓松作为联合国世界旅游组织国际社会 / 文化专家，主持和参与贵州文化旅游国际合作项目《贵州旅游发展总体规划》；作为世界银行社会文化专家，主持《贵州文化与自然遗产保护与发展项目 - 社会文化影响评》《少数民族发展计划》等；兼任美国俄亥俄州立大学访问教授，完成国际合作项目《行说贵州——向世界讲述贵州故事》；拍摄 18 部文化旅游宣传片，参与贵州省对外文化和旅游宣传工作；长期从事文化人类学的田野调查和乡村旅游与旅游扶贫工作，担任中国人类学学会发展人类学专业委员会副主任，拍摄完成 10 余部民族文化纪录片；主持《国家科技支撑计划——中国少数民族特色文化展示应用》《中国西南少数民族文化生态研究》等重大遗产保护与产业发展课题 10 余项；主持乡村旅游发展公益事业，在近 100 个乡村与开展乡村旅游与民族手工艺传承创新公益性服务：担任贵州省旅游协会副会长兼教育研学与智慧旅游分会会长，为贵州旅游教育、研学和智慧旅游等方面做了大量服务和建设性工作。

张晓松说："人的知识、力气、思想、智慧是有限的也是无限的。我将把有限的才能，融入无限的为人民服务之中去，我听从生命的召唤，哪里需要，就到哪里去。用一生的时间，不停息的脚步，永远行走在为人民谋福祉的大道上。"

刘兆丰

从爱好，到热爱，到信仰

颁奖词：为文化建筑精心设计、为建筑注入文化灵魂。

贵州省建筑设计研究院总规划师、本土营造工作室负责人、世界华人建筑师协会创会成员、山地建筑学术委员会委员……坚持中国立场、弘扬地域文化，长期致力于理论研究和具体实践，领衔主持设计的项目获奖国家级奖项10项，省级奖项约30余项。用建筑讲述贵州故事，贵阳孔学堂、山东省孔孟文化遗产地保护利用、多彩贵州文化创意园、乌当区"美丽乡村"、台江县反排村古村落保护与发展、文昌阁——省府路历史文化片区修建性详细规划、剑河县旅游城市设计及乡村建设、省图书馆新馆异地扩建等项目均出自他的手笔。

编者按：通常一篇人物专访的开端，会列举出受访人的职业生涯荣誉、获得成就等，方便读者直观了解主人翁的事迹。但这篇专访，笔者想从另一个角度和大家分享。从一个人的生活习惯，发现他的兴趣爱好。从兴趣爱好，了解他的工作原则。从工作原则，看到他的人生信仰。用最简单的角度，看最真实故事。或许正在阅读的您并不认识刘兆丰先生，但作为贵州人，他所设计的作品，您一定认识。

从爱好到热爱

走在花溪十里河滩，感受稻田和花圃交相辉映，城市与山水密切相连，人与自然包容共生的和谐氛围。站在暮色浴群山的孔子像下，夕阳余晖中，孔学堂显得庄重肃穆又有略带神秘，让人陷入遐想。作为一名建筑师，刘兆丰将自己对生活的理解和热爱，全部融入自己设计的作品里。

刘兆丰出生于教育世家，家人都从事教育行业。可他却偏爱绘画，并且将这份兴趣爱好，变成了人生追求的目标。

1990年，作为建筑设计专业贵州省录取成绩第一名的刘兆丰，从武汉城市建设学院风景园林系本科正式毕业，拿到了他心仪的毕业证书，也正式开启了他的建筑设计生涯。

然而，要兑现人生理想，必须经过时间的考验。30年从业生涯，刘兆丰也感到过迷茫和无奈，虽然辛苦，甚至有时累到麻木，但让他一直坚持的理由，就是一个词——家园。他说总得有人去创造和维护，我们生活的家园。

给刘兆丰种下这颗种子的人，叫孙晓霞。在一次学校组织开展的风景园林建筑讲学上，刘兆丰有幸聆听了讲座；从生态到审美，从文化到家园，为家奉献的这个概念，便根深蒂固的种植在他的心中。

走上工作岗位的刘兆丰，凭借着理论知识的积累，勤学好问的性格，加上他那不服输的拼劲，很快便吸引了前辈的注意，也是他职业生涯的伯乐——贵阳海关大楼的建筑师，秦世杰。他看到了刘兆丰身上有着许多的可能性，于是对刘兆丰不遗余力地教育和指导。在秦世杰的帮助下，刘兆丰的专业水平飞速成长，而刘兆丰说，从秦世杰先生那里，他学到最宝贵的不仅仅是专业知识，而是老一辈建筑师们，那种严谨、敬业、永不言弃的态度。这种宝贵的品质，对他今后职业生涯有着深刻的影响。

从热爱到创作

这样的品质，在刘兆丰的工作室里展露无遗。他的工作室完全浸泡在书籍的汪洋里，从门口一直延展到整个房间。陈列书籍的柜子设计的错落有致，独具一格。他的办公室，也只有满满的书和小山一样高的设计图。

刘兆丰说，作为一名建筑设计师，其实在创作每一个作品时，都战战兢兢、如履薄冰。因为社会的财富、资金的投入、土地的奉献、空间的切割、特别是公共设施、公共空间的作品，比如学校、美术馆、图书馆等，最后形成的作品绝不能成为某个设计师自恋的标签和结果。它的第一价值是满足社会需要的同时，还能推动社会的进步。带着这样的理想信念，刘兆丰对自己的要求近乎苛刻。一年365天，除了陪伴家人，他几乎都睡在办公室里。从不有一丝的懈怠、做每一件事都是全力以赴。

对得起一方水土、对得起一方人，刘兆丰始终将这一原则贯穿于所有的设计方案中。在他众多的设计作品中，对一个地方留下了很深刻的印象。

是为贵州反排村设计一栋 60 平方米的文化馆。文化馆落成时，村民们排着队来参观。举办庆功宴时，村民们都向他敬酒。这份最淳朴的感激，让刘兆丰的成就感油然而生，他更也加坚定了，建筑作品一定要有着温暖柔和的品质，因为心灵的震撼，远胜于外表的张扬。

从创作到信仰

近段时间，刘兆丰正全力以赴、夜以继日地投入心血和精力，为省图书馆和少儿馆做规划设计。他希望两馆落成以后，不仅是为广大市民提供了一个阅读的空间，而是使知识在一个宽松、快乐、明亮的场合里自由交流、互相碰撞，让人与人之间找到一份久违的宁静，找到那份求知的初心。

放下工作，回归生活，刘兆丰是一个特别简单的人。很少交际，喜欢茶艺，空闲时喜欢听音乐、逛博物馆、看电影、在大自然里漫步。他有时希望自己能慢下来，好好享受生活、多陪陪家人。

对于未来，刘兆丰希望将自己的专业知识和业务能力传授给更多的年轻的建筑设计师，毕竟未来要交由他们创造。他告诫年轻的设计师，要想在这个行业持久地做下去，就必须有信仰。如果说是创造设计只是爱好，那就可能有不想干的时候，而信仰则是日常的一部分，是顺其自然地做事。

未来，是另一段征程的开始，刘兆丰将带领着他的团队继续继续努力，精诚合作，做出更多有价值的作品。

石丽平

穿在身上的民族悠远史诗

颁奖词：巾帼不让须眉，打造松桃苗绣品牌。

全国非物质文化遗产保护工作先进个人、贵州十大杰出女企业家。她从传统苗绣工艺中找到创业门路刻苦研发，勇闯市场，带领一群留守山寨的苗家姐妹，飞针走线绣生活，舞笔弄墨绘梦想。经过十余载的耕耘，以梵净山鸽子花为品牌的松桃苗绣产品，享誉全国，走向世界。"凤舞花开"披巾被指定为外交部礼品。每年组织待业在家的有一定刺绣基础的农村妇女进行集中培训，多年来，累计培训 10000 余名绣娘，骨干绣娘 3000 多人。既为保护传承民族手工艺做出了贡献，又推动文化产业助力脱贫攻坚。

传承：针尖上的文化

在贵州，有一个人，贵州省非物质文化遗产传承人，松桃苗绣文化品牌创始人，用 10 年的时间坚持做一件事——抢救传承"绣文化"。从 2008 年到现在，她徒步三万多里，走遍贵州，收集了很多刺绣纹样。她就是全国人大代表、贵州梵净山民族文化旅游产品开发有限公司董事长石丽平。

石丽平来自贵州省铜仁市松桃苗族自治县，是松桃苗绣第七代传承人。2008 年，石丽平创办了公司，专做民族刺绣工艺，一边培训绣娘，一边推广刺绣文化。她说："当年我只带领 3 名绣娘做这件事，到现在，我们培训了 10000 多名绣娘，其中高端人才 260 名。"

抢救濒临消失的刺绣技艺，是一个严峻的挑战。为了收集针法、纹样资料，石丽平走遍了全贵州。很多掌握传统技法的绣娘没读过书，也不会说汉语，只能用视频录下她们的刺绣方法。还有一些刺绣技法早已失传，只在老物件上能见到，于是她到处搜罗旧物，并找来 20 名绣娘专门修复、复制它们。"10 年来，我们修复了不少明清时期的物件。好的工艺不能丢掉。"石丽平说。

她从 12 岁起跟随母亲学习苗绣，上初中以后，在家人的支持下，利用假期向其他民间艺人学习刺绣技巧。高中毕业后进入自我创业阶段，她挤时间学习刺绣制样以及剪纸、挑花、印染等项技艺。2000 年，她下岗后便把传承和弘扬苗族传统工艺作为自己事业的突破口，通过反复研习和试验，从而掌握了苗族传统的多种技艺，并集众家之长，形成了独树一帜的艺术风格。

2013 年被中华全国总工会授予"全国五一巾帼标兵"荣誉称号。2013

年 3 月被中华全国妇女联合会、全国"巾帼建功"活动领导小组特授予"巾帼建功标兵"荣誉称号。2013 年 9 月被中华全国工商业联合会、中华全国总工会授予"全国关爱员工优秀民营企业家"荣誉称号。2013 年 10 月被中共贵州省委贵州省人民政府授予"贵州省民族团结进步模范个人"荣誉称号。2015 年 9 月被中华人民共和国人力资源和社会保障部、中国商业联合会授予"全国商贸流通服务劳动模范"荣誉称号。当选第十三届全国人大代表。2018 年贵州省文化产业"十佳人物",2019 年中国非遗年底人物。

松桃苗绣通过群体记忆和母女口传身授,世代相传,保留了部分先民遗留下来的刺绣风格。随着生活的稳定,原本用于记录生活的苗绣,转变为美化生活的装饰物,题材也更为丰富多彩。

生长在苗乡山寨的石丽平,在三四岁时就学会了拿针配线。苗家女子祖祖辈辈传承下来的刺绣,对她有着非常大的吸引力。"我从小受母亲影响,看老人晚上刺绣、织布,耳濡目染,留下了很多非常美好的记忆。当看到苗族文化正逐步走向衰落时,我痛心疾首,再也坐不住了。我花 8 年时间基本走遍了贵州的苗寨,收集整理资料,徒步走了三万多里路,详细记录了不同绣种,还带出了几位不懂汉语,却认真传承苗绣技艺的老绣娘。"石丽平说。

石丽平回忆为保护民族传统文化所做的努力:先后 6 次到北京和台湾的故宫博物院观摩绣文物,深入到江苏、湖南、广东、内蒙古等地,跑遍了大半个中国,实地考察中国"四大名绣"及其他绣文化。

为更好地传承苗绣技艺,本是从事矿产开发工作的石丽平,正当事业红火之时,却转向苗绣这一民族文化产业。她说:"无止境开采矿产破坏生态平衡,属于资源枯竭型产业。而民族文化属于可再生资源,越挖掘越能发现其灵魂精髓。我是苗族姑娘,我不能眼看着苗族的'传家宝'在我们这一代人手里丢失。"2008 年 12 月,石丽平创办了贵州省松桃梵净山苗族文化旅游产品开发有限公司，希望以产业促进文化传承发展延续，但并非一帆风顺。"创业初期，公司仅有 3 名绣娘。后来从全县 28 个乡镇的下岗职工、农民工中招聘了 120 人，培训了整整 3 个月。由于对刺绣标准要求严格，最后只有 6 个人合格录用。"石丽平说。

"送黄金万两，不如送一技之长。"2013 年，贵州省妇联牵头启动的"锦绣计划"，计划将留守妇女等人口压力转化成人力资源，实现政策"输血"与自身技能"造血"并举的脱贫目标。

她介绍，公司采取"公司＋基地＋农户"的灵活就业模式，实行"计件为主＋效益＋产品提成"薪酬模式。妇女在家能就业，不仅有了经济来源，也促进了家庭和谐与社会和谐。

1985 年出生的苗族姑娘田茂媛是公司招进来的第一批员工，如今她的技艺已十分纯熟。她说："小时候跟母亲学过，很热爱这门手艺，后因上学、外出打工不得不放弃。听说家乡成立了苗绣公司，我就回来加入苗绣队伍。除自己加工刺绣，我还承担了培训新学员的任务。""连一根针都是由公司提供的。"石丽平表示，公司提供所有刺绣原材料，开展苗绣技艺培训，又面对市场打开苗绣销路，帮助苗族妇女把"指尖技艺"转化为"指尖经济"，变"输血式"扶贫为"造血式"扶贫。

锦绣：铺平了绣娘致富路

在传承刺绣文化的同时，石丽平也想方设法让更多的苗族绣娘利用手中的技艺脱贫致富。石丽平庆幸自己赶上了好时代："政府现在越来越重视刺绣文化的传承。2013 年贵州省妇联牵头'锦绣计划'，支持绣娘成长，扶持手工刺绣产业。政府的支持和宣传，让更多人了解了少数民族的绣文化，让大家有信心加入我们的工作中来。"

如今，石丽平准备推出自己的"百万绣娘"计划，做好民族工艺品牌，带动群众家门口创业就业。小小的针尖让她们闯出了一条脱贫致富的好路，带领一方人民走上幸福的道路。石丽平指着自己身上的刺绣服装，自豪地说："我今天穿的服装，一针一线都是我们传承的技艺，也代表了我的文化自信，走到哪儿我就宣传到哪儿，走到哪儿银铃叮当响到哪儿，相信能吸引更多人参与进来。"

2018年，石丽平通过走访、调研、座谈等方式，进社区、学校、企业了解到，现在有很多贫困群众虽然通过易地扶贫搬迁政策从大山深处搬到了城镇，解决了交通、就医、教育等问题，但就业仍是难题，于是想到通过发展手工产业解决易地扶贫搬迁群众的就业问题。

公司在实施"中国非物质文化遗产传承人群研修研习培训计划"过程中，成为贵州龙头企业之一，一年的时间，公司就可以直接带动3800多人就业，年产值6000多万元。"通过培训，能让群众熟练苗绣、蜡染、剪纸、雕刻等手工艺，如果把这些非遗的手工艺都发展壮大成为产业，就能帮助更多易地扶贫搬迁群众解决就业问题，同时让非遗得到保护和传承。"石丽平说。

随着"绣娘"计划等一系列惠民利民工程的实施，石丽平利用"公司＋基地＋农户"的就业模式，实行"计件为主＋效益＋产品提成"的薪酬制度，为数千名妇女提供了创业平台，让她们实现在家门口就业，让更多贫困群众脱贫致富。

"脱贫攻坚的主战场，巾帼也不让须眉，妇女也能顶半边天，把指尖文化变成指尖经济，小小针尖也能撬动脱贫事业。"石丽平说。2011年5月，石丽平公司的"鼓舞刺绣"系列产品、"凤舞花开"系列产品和披肩被外交部定为外交礼品；2015年7月，"松桃苗绣"成功注册为国家地理标志证明商标。公司生产的松桃苗绣产品远销美国、日本、加拿大、欧洲及东南亚等多个国家和地区。2016 至 2017 年，石丽平推出"一企扶一村"计划，与当地村寨结成帮扶对子，开展"一村一品"苗绣项目。

走进铜仁市万山区旺家花园安置点的易地扶贫搬迁工厂产业园，在这里开设的"巾帼锦绣坊"特别吸睛，近 20 名身着统一印花土布工装的妇女正在这里学习刺绣。落户的"绣娘"来自铜仁市思南、石阡、印江 3 个县。短短几个月里，参与"巾帼锦绣坊"培训的绣娘已达百余人。

"刚到城里时觉得不好找工作，现在在家门口就可以打工挣钱，照顾孩子和老人都很方便，感觉以后的日子更有盼头了。"绣娘范依娜开心地说。

让古老的刺绣活起来，让热爱它的姐妹们富起来——这是石丽平当年选择传承松桃苗绣的初衷。而今，她初心不改，矢志不渝。石丽平在家乡捐资修建了乡村公路，资助贫困大学生完成了学业，对品学兼优的贫困生给予了扶持。为了帮助家庭困难的妇女做苗绣，她上门送材料、教技术、回收产品。2013 年，苗绣基地给全县 3800 余名妇女提供了在家就业和创业的平台。

品牌：松桃苗绣国际化

秉非遗之志，守文化之魂。在文化自觉，文化自信上发出好声音，苗绣作为苗族人民演绎天地万物、讲述种族迁移、记录历史与生活的文化载体，其创作来源和灵魂主要基于民族独有的地域文化、生活习俗、图腾崇拜，形成独具一格的审美范式，文化内涵。松桃苗绣的梵净山、黔金丝猴、鸽子花系列产品是独有的，是"根"和"魂"融合了湘黔文化巴蜀文化。主要代表作鸽子花、雅意土布在刺绣技艺上是用最原始的方法，一气呵成，针法、技法独具特色，是文化的传承者、传播者，做好文化的植入，说好苗族的品牌故事，记住自己的根，魂才能传播。他们开展双语教育，注重母语教育，对苗族文化做一个重新认知，创造了走出去，引进来，再出去的发展模式，刺绣文化走进了学校、课堂，派专人到铜仁学院、吉首大学、重庆秀山县职校授课。他们和阿里巴巴合作，线上线下并举，传播贵州唯一一个单独苗族自治县的松桃苗绣品牌，就是贵州唯一的非遗地标品牌，中国的民族品牌。

产品链延伸研发强度。为了将产品多元化，她积极寻找销售渠道，提高市场占有率。据石丽平介绍，土布编织系列产品已在沿海、国外的多个城市销售，并取得不错的业绩。

"公司生产的土布编织产品有多重功能，既可做包、做杯垫，也可做茶席、服装，还可做床上用品等居家产品。"石丽平说，该土布产品市场占有率特别高，反响良好，它的特点是简单大方。

"把布条拉好，交汇编织，老人、小孩、妇女及男同胞都可参与进来做。"石丽平一边演示一边说，目前公司承接了大量订单，她要加大对农村富余劳动力培训力度，把产品做大做强，让群众在公司实现增收致富。

一直以来，石丽平秉持品牌壮大文化的理念，通过不懈的努力、对松桃苗绣文化传承的坚持，荣获了品牌中国（苗绣）行业年度人物、全国巾帼建功标兵、贵州省民族团结进步模范个人、杰出创业女性等荣誉称号。石丽平的公司目前已开发出了花鼓、鸽子花等六大系列刺绣，240 多个品种苗绣产品，畅销北京、上海等地，出口美国、韩国等 67 个国家，为松桃 4000 多名妇女提供了就业平台。

石丽平建议：希望以政府引导，企业唱戏的形式贯通中西，在"一带一路"建立非遗驿站，对一些民族自主品牌企业进行扶持、引导、推广和培育。创办"贵州品牌节"，把一些国内知名品牌引进贵州，借这个平台宣传贵州的民族手工艺品牌。通过减免税收、融入时尚元素、开阔高端旅游市场等方式改变省现已有民族手工艺品牌的"小、土、散"，打造贵州民族手工艺品牌，走民族品牌自主之路，传承民族文化。

让古老的刺绣活起来，让松桃苗绣与世界对话，让热爱它的人们富起来，这，应该就是石丽平当年执意选择松桃苗绣的初心。石丽平说："松桃苗绣能够成为外交部礼品，成就感当然是巨大的，但更多的是感谢。这不是我一个人的成就，而是我们松桃、我们苗族的成就，更得感谢一直以来将松桃苗绣传承下来的众多苗族妇女，感谢公司全体员工的默默奉献。我们没什么成功经验，就是认认真真、专专心心地把一件事情做好。应该说，是松桃苗绣背后的深厚文化和高深智慧，让我们在拥有秘密武器的同时，具备了强大的市场竞争力。"

"好的东西就应该挖掘，不能让其'养在深闺'。"石丽平对苗绣技艺的学习已不满足于家中老人所传，她遍访名师、潜心学艺，通过反复研习和试验，掌握了苗族传统刺绣的多种技法，并形成了独树一帜的艺术风格。

收集老物件也是石丽平的一大爱好。她认为，可以通过老物件重新复制一些即将消失的文化。例如帐檐，"我一直在思考，外婆97岁时的作品，后面已经缝补了五层，为什么还能保持生动鲜活的图案色彩？"为此，她收集了1000多幅帐檐："对比这些老物件，可以看到它的发展历史，可以看到永不衰竭的内在生命力。"

致力于苗族服饰、苗族文化影视、苗族歌舞、苗族饮食等苗族文化产品开发的松桃梵净山苗族文化旅游产品开发有限公司，更先后发展了花鼓、鸽子花、梵净山风光、鱼龙图腾、生活习俗及民间故事6大刺绣系列共220个品种。

公司以保护和传承苗族的非物质文化为宗旨，致力于苗族文化的深度研究与手工艺术品的开发。由于产品创意独特，做工精致，形态美观，内涵丰富，具有非常高的观赏价值、使用价值和珍藏价值，一经推出就畅销海内外。

经过几年的努力，松桃苗绣被中国品牌质量管理评价中心认定为"中国消费者满意名特优品牌"。松桃苗绣这块民族瑰宝终于在石丽平的呵护下展现出了它应有的价值。2011 年 12 月，石丽平被"品牌中国产业联盟"评为"2011 品牌中国（苗绣）行业年度人物"；2012 年 6 月，石丽平的公司被明确为"铜仁市市级扶贫龙头企业"，同年 11 月和 12 月，又先后被明确为"贵州省省级扶贫龙头企业"和"全国少数民族特殊商品定点生产企业"；2014 年 1 月，公司被评为贵州省文化产业示范基地；2014 年 6 月，明确为首批"全国妇女手工编织就业创业示范基地"。随着公司知名度的提升和规模的扩大，石丽平先后被授予"全国巾帼建功""全国五一巾帼标兵""全国关爱员工优秀民营企业家"等荣誉称号。

付国艳

黔师匠技　粹取精致　行稳致远

颁奖词：专注民族手工三十年、在传承中不断创新。

付国艳女士，贵州省著名商标——"黔粹行"的创始人，30年如一日坚守"承传民艺、守护文化"的初心，设计研发的民族与时尚相结合的手工产品，多次获得国家、省、市级设计奖项及国内外消费者的好评。黔粹行已成为展示贵州独特文化的一个窗口，"黔粹民艺"已走出大山，渐渐走向世界。在经营的过程

中，通过"公司＋农户＋基地"的方式，黔粹行带动了贵州少数民族地区上万妇女居家就业，为贵州的精准扶贫、非遗文化的保护做出了积极的贡献。

非遗生活：耕耘民族工艺沃野

黔粹行汇集了几乎所有贵州特色民族工艺品、手作艺术品、手信特产等上万种产品，成为展示贵州民族文化的一个窗口。黔粹行自成立以来，一直致力于传承、推广贵州民族手工技艺和文化，为守护技艺、发现贵州人文之美做出了较大的贡献。

在付国艳看来，对民族艺术最好的保护就是让手工艺品走入生活，所以经营之初，付国艳就开始走村串寨寻找那些手工艺好，家里需要帮助的妇女，让她们到公司上班或者成为公司的合作伙伴，通过公司的平台，让这些有手艺的妇女改善家庭条件。

后来随着公司的发展，和黔粹行合作的农村妇女也越来越多，带动少数民族贫困山区妇女在家就业生产已经成了黔粹行发展的责任。

随着各级政府对民族手工行业的大力支持及"锦绣计划"的实施与推广，黔粹行在贵州省内多地设立了农村合作社、手工联盟基地，通过对绣娘和手艺人进行培训，她们的产品可以直接提供给黔粹行。因此也有很多人说，黔粹行的经营本身即是扶贫。

30年来，黔粹行对农妇都是现金收购，从不打白条。因为手工产品很难标准化的特殊性，为了保证质量，黔粹行订下了以3倍的订货数目收购产品的办法，一些不合格产品收后却当面剪坏扔掉，这样做是警示绣娘或工匠，避免次品再次出现。只有下这个决心，才可以把产品做好。

付国艳说："以前，我肩负的责任是想给农妇们多卖一点产品，带动她们致富，现在我希望通过黔粹行，不仅是让中国知道，要让世界知道我们贵州的民艺产品。"

品牌价值：彰显民族艺术魅力

民族的，就是世界的。

多年来，黔粹行致力于把贵州的民族文化和精致手工产品推广到全国乃至世界。

30 年如一日，付国艳怀揣匠心，始终坚守在贵州民族文化产业的高端，研发创新了多项民族工艺方面的专利。

早在 20 世纪 90 年代初，黔粹行的前身"力全蜡染厂"就已经自主研发了蜡染真丝面料围巾，在此之前蜡染还只是用于棉、麻面料，这项技术在 1994 年的北京国际中小企业新产品新技术博览会上获得金奖。

2010 年，付国艳为上海世博会的贵州馆提供了 90% 的展品，包括苗族银饰、水族马尾绣工艺品等，得到了国家领导人签发的荣誉证书。

这几年付国艳和她的公司也在不断地挖掘着贵州的民俗文化，如较为典型的苗族图腾枫木与蝴蝶的传说，还以此为主题创作提炼成系列蜡染真丝围巾产品，受到市场的欢迎。

同时又以欧美参学的体验，结合贵州本土民俗手作的土布蜡染及水族马尾绣苗绣，加以欧洲皮革工艺等，开发了"虔诚"系列手包类产品；该产品堪称为时尚与古老、东方与西方、虔诚的结合！刚一面市，就引起较大的关注和市场认可。其中两款马尾绣的手包已成为国礼，赠送给时任联合国秘书长潘基文先生。

2016 年，在第十二届中国深圳文化博览会上，黔粹行自主设计生产的多款产品受到中宣部、文化部、全国妇联相关负责人的认可和赞叹。同年，黔粹行与贵州茅台、中航力源液压等 14 家名牌企业一起荣获"贵州省工业品牌培育示范企业"称号。黔粹行自主设计的产品也屡次在国家、省、市级大赛中获得设计奖项。

2018年，在东盟"一带一路"沿线国家旅游文化交流周上，来自柬埔寨、马来西亚、缅甸等东盟国家的代表团成员也被黔粹行马尾绣手包精致的刺绣图案与技法深深吸引。

2018年10月，付国艳参加了在北京召开的中国妇女第十二次全国代表大会，她说："参加大会，增强了自己做民族工艺品的信心，会创造更多更好的民艺产品，继续带动更多的贫困妇女居家就业增收，做新时代有正能量的新女性。"

未来，付国艳打算建一个小型博物馆，把自己多年来收集的30余国家的藏品拿出来和大家分享和交流。"因为喜欢干这个行业，我也收集了一些工艺品、美术品、艺术品，每个国家有不同的手工艺，大家能在一起交流学习，对民族手工是一件很好的事情，可以促进大家的发展，提高技艺。"付国艳说，这样将会扩大贵州民族工艺品的世界影响力，让世界认可和接受来自中国贵州的民族工艺品。

"谋事在人，成事在天。我会努力，和后继的年轻人一起把黔粹行做好、做强、做大、做成真正的民族品牌。我也愿意去试一下，希望把我们中国的民族工艺品做成中国的爱马仕。"贵州省黔粹行董事长付国艳如是说。

黔粹精神：守望民族手工艺术

付国艳说："我出生于一个蜡染世家，从小耳濡目染，因喜欢而入行，但到后来觉得更多的是一种责任，算是一个民族手工艺的守望者吧，像我们研发的马尾绣手工真皮电脑包，被作为国礼赠送给前联合国秘书长潘基金。世界上很多的优秀品牌都是坚持手工，把工匠精神放在首位，将民族、地域元素与最前沿、最流行的时尚元素相结合，追求品质的极致。"

"黔粹"不仅仅是一种"企业解读"，而应该是"国粹""省粹"。"粹"就是对工匠精神的坚守，一种精益求精的行动力。"全手工制造"的制作特色，是贵州民族民间传统手工艺最核心的市场价值。诚信经营、务实创新、品质至上是黔粹行得以稳健发展的秘密武器，更是黔粹行品质沉淀的内在支撑力。

成长中的黔粹行，一直坚持着"诚信用心童叟无欺""先做人，再做事；拥有了好的人品，才会懂得责任与用心。而唯有懂得责任与用心才能有更好的产品与市场"等经营信念。

黔粹行不求高速扩张，而一直在自我改进与提升中积淀、自然绽放；正因其诚信踏实的作风，才得到了较好的口碑。

政府等相关部门也授予了黔粹行很多荣誉，如贵州省守合同、重信用企业，贵州省驰名商标，诚信纳税企业，巾帼文明岗企业及国务院前副总理陈慕华女士授予的"爱心企业"荣誉称号，2015 年度"物爽贵阳"推荐名录，贵州省国际民族民间工艺品文化产品博览会多项产品创意奖，贵州省文化产业示范基地，贵州省工业品牌培育示范企业（行业内第一家）等荣誉。

付国艳在民族手工艺行业坚守 30 余年，获得过 2009 "天工艺苑•百花杯"中国工业美术精品优秀奖、贵州省第一届国际民族民间工艺品设计作品比赛一等奖、贵州省旅游工作先进个人、贵州省巾帼脱贫攻坚先进个人等奖项。

她亲身感受到了民族文化的魅力。"我们的民族产品很受欢迎，越来越多的外国友人将我们的产品当作非常珍贵的礼物。"她介绍说，目前，民族手工艺品的发展同样体现在民族文化的传承保护和脱贫方面，"贵州民族手工艺品产业的有利发展，能够使非遗文化得到传承保护，使旅游经济得到增收增利，使山村的农户、绣娘能够居家就业增收，使留守儿童、空巢老人能得到关爱，能使我们从中获得文化自信。"付国艳说："发展民族手工艺的路还很长，我们应该不懈努力，抓住新时代的历史机遇，推进贵州民族手工艺发展。"

贵州省文化产业

十佳企业篇

贵州广电网络

为全国智慧广电建设提供"贵州模式"

颁奖词：一省一网，智慧广电。

贵广网络坚持"服务中心、服务宣传、服务社会、服务大众"的宗旨和"至诚至善、用心服务"的理念，把重要的资源配置到党和人民群众发展的要求上来，实施了高清互动整转、双向网络改造、广电民生工程等系列战略性创新性项目，建立了省、市、县三级广电网络运营管理系统，成为全国最早实现全网整合的省级广电网络公司之一。"广电云"村村通工程，率先在全国实现五级全程

全网全覆盖，组建成立了中广投网络产业开发投资有限公司，聚集了广电网络近8000万用户和行业优势资源。2016年、2017年连续两年获全国文化企业30强提名，2016年12月公司在上海证券交易所主板A股上市。

贵州省广播电视信息网络股份有限公司是整合贵州全省广电网络资产，于2008年3月重组改制成立的大型国有文化企业，是贵州广电传媒集团所属三家大二型企业之一。公司下设10个市（州、新区）分公司、91个县（区）分公司、1个全资子公司和4个控股子公司，总资产达到151亿元，现有员工4600多人，拥有有线数字电视用户812万户，高清互动用户531万户，宽带用户277

万户。

公司成立以来，始终坚持"服务中心、服务宣传、服务社会、服务大众"的宗旨和"至诚至善、用心服务"的理念，紧扣人民群众对美好生活的新期盼和各级党委政府的发展"痛点"，大力实施创新驱动发展战略，不断深化体制机制改革，不断推进各类战略性、创新性项目的开发建设，不断强化服务管理，取得了企业加速升级、创收快速增长、业态不断丰富、市场竞争力和宣传服务能力不断增强等显著成效，较好实现了社会效益和经济效益相统一。公司营业收入连续 11 年保持年均 15% 以上的高幅增长，经营收入从 2008 年的 4 亿元增长，到 2019 年的 37 亿元，营业利润从 2008 年的亏损状态增长到 2019 年的 3 亿元。公司于 2009 年、2012 年两次荣获中宣部、文化部、国家广电总局等单位颁发的全国文化体制改革先进企业（单位）称号，荣获国家火炬计划重点高新技术企业、全国重合同守信用企业、贵州省创新型领军企业、贵州省文化产业示范基地、贵州省文明单位等荣誉称号，2016 年、2017 年连续两年获全国文化企业 30 强提名。2016 年 12 月，公司在上海证券交易所主板 A 股上市，成为贵州省宣传文化系统第一家上市企业。

奋争先：在全国广电网上按下"率先键"

率先在全国实现一省一网的广电网络整合。通过行政主导及市场运作相结合的方式，创造性地运用"先整合运营、后资产重组"的模式，完成了全省400多个各级各类广电网络的彻底整合，完成了1700名行政事业人员向企业员工的身份转变，建立了省、市、县三级广电网络运营管理系统，成为全国最早实现全网整合的省级广电网络公司之一，结束了贵州省广电网络各自为政、分散运营、小规模发展、体制机制严重制约广电网络生产力发展的历史，夯实了公司规模化、集约化、资本化发展的基础，提升了广电网络服务中心、服务宣传、服务社会、服务大众的能力。2010年5月，国家广电总局专门印发通知，将贵州省广电网络整合改制的主要经验和做法向全国推介。

率先在全国实现广电光缆网络所有行政村全覆盖。2016年至2018年，公司抢抓贵州大扶贫、大数据、大生态战略机遇，集聚人力、物力、财力和技术等资源要素，全力实施省政府列入十件民生实事之一的多彩贵州"广电云"村村通、户户用工程。2016年，多彩贵州"广电云"村村通工程完成尚未通达的11103个行政村的光缆网络覆盖，占全国总任务数的五分之一，新建乡镇至村通村光缆干线建设6.35万公里，率先在全国实现省、市、县、乡、村五级全程全网全覆盖；2017年至2018年，全面实施多彩贵州"广电云"户户用工程，在全省农村规模化推进光纤入户工作，累计敷设通组和分配网光缆建设近30万公里，新增农村"广电云"用户247万户，新建乡镇综合服务站504个。2019年，公司继续推进多彩贵州"广电云"户户用工程建设，新增农村"广电云"用户67万户。多彩贵州"广电云"村村通、户户用工程的实施，不仅将丰富的广播电视节目传送到农村千家万户，而且将政用、民用、商用等多类应用延伸到农村，为我省 7+N 朵云下沉农村、服务群众提供了保障。

率先在全国探索"六位一体"的农村广播影视长效服务新模式。公司抢抓贵州省大扶贫、大数据、大生态战略发展历史机遇，积极构建"以乡镇服务站为中心、以村级代办点为延伸、以自有人员为主力、以社会力量为补充"的长效服务体系，新建了 1000 个乡镇综合服务站，采用"政府主导、政策推动、部门配合、社会参与、市场运作"的方式，吸纳农村知识青年就地就业，打造集有线数字电视、无线数字电视、直播卫星电视、调频（应急）广播、广电宽带和农村公益电影放映"六位一体"的广播影视综合服务新体系，为广大农村用户提供优质服务。

率先在全国发起成立跨区域的资本实体运营管控平台。公司牵头发起并积极推动中国广播电视网络公司及山东、河南、湖南等 10 多家省级网络公司共同出资，于 2016 年组建成立了中广投网络产业开发投资有限公司，聚集了广电网络近 8000 万用户和行业优势资源，搭建了行业新产业项目开发及投融资管控平台，为行业联合创新发展奠定了重要基础。目前，公司已明确了短期项目和中长期项目并重开发的新措施和新办法，组建了子公司，确定了两个控股广电宽带数据项目以及广电云数据中心、广电融合网、广电金卡平台、融合网在线教育等项目，积极推进广电网络行业的规模化、集约化发展。

率先在贵州省文化宣传系统企业中实现上市。在刘云山、李长春等中央领导同志的关怀和贵州省委、省政府的积极推动下，公司历经四年多的不懈努力，于 2016 年 12 月 26 日在上海证券交易所上市，顺利走完资产资本化、资本证券化的上市历程，成为贵州文化产业"第一股"，实现了贵州省文化宣传企业上市"零突破"，为推进贵州省文化体制改革发挥了带头作用，也为贵州广电网络多渠道融资和持续健康发展开辟了全新领域。孙志刚书记在获悉公司即将在上交所挂牌上市后，欣然批示："工作出色，卓有成效，可喜可贺，望再接再厉，在新的一年里取得更大的成绩"。

广电云：大山之省的智慧祥云

开发建设智慧广电新体系走在全国前列。公司着力构建"一云双网、一主三用"的智慧广电新体系，推动智慧广电与各行业各领域深度融合发展。通过平台 IT 化、网络 IP 化、终端智能化，构建云管端一体化的多彩贵州"广电云"智慧应用新技术体系，实现内容、服务、资源云化供给，构建了广电云服务新业态。不断推进基础设施建设，实施有线无线、宽带窄带融合网络的协同覆盖，建成了贵州覆盖范围最广、覆盖密度最高的信息传输光纤网络，形成了国干、省干、市、县、乡网科学配置、智能管理、成环保护的较为完备的有线网络传输体系，建成目前全国最大的一张 LoRa 物联网。担当宣传主责主业，巩固壮大广播电视主阵地、主渠道和保障国家文化信息安全的战略基础设施地位，将各级党委政府的声音和各类综合信息服务送到千家万户，通过产品、内容、服务的丰富和创新，让广大人民群众享受到优质高效的公共文化和综合信息服务，进一步强化了广播电视在意识形态的主阵地、主渠道作用。从民用、政用、商用三个方面发力，推出系列融合创新业务，努力推进贵州城乡综合信息服务均等化，推动智慧广电在城市和农村同步发展。贵州智慧广电的开发建设，有效推动了贵州广电网络的质量变革、效率变革、动力变革，使广电网络创新发展和服务大局的能力大幅提升，为全国广电网络行业转型升级探索了新路。2018年 8 月 30 日，国家广电总局正式批复同意设立中国（贵州）智慧广电综合试验区，贵州成为全国第一个智慧广电综合试验区。

抓机遇：创新驱动铸辉煌

　　创新驱动战略不断为公司加快发展注入新动力。公司通过技术创新、产品和业态创新、营销创新等举措，逐步建立了自主创新组织保障机制、产学研相结合的技术创新和品牌创新体系，有效提升了公司的核心竞争力。在技术创新上，不断开发建设云、管、端一体化的新技术系统。在"云"方面，依托 CCDI 广电云项目，着力构建广电云大数据中心，服务于贵州省和全国行业数据信息的"聚、通、用"；在"管"方面，积极践行有线网向广电网转型、广电网向融合网转型、融合网向广电互联网演进升级，形成了贵广网络智能化管道建设的新方向、新目标和新任务；在"端"方面，公司以深圳研发中心为抓手，大力推进各类智能终端的开发，旨在既能支撑贵州省的发展，又能为未来全行业的创新发展做贡献。目前，公司累计取得专利 67 项、软件著作权 27 项，52 项专利正在受理中。在产品创新上，自主研发了"父母乐""广电精灵""魔方"等智能终端及"家话""录点"等智能应用，通过智能终端在城乡的普及应用，真正实现了从"看"电视向"用"电视的根本性转变。在业态创新上，引入互联网思维，以平台化战略构建新型的广电服务业态，依托"广电云"村村通户户用项目，在应用市场中提供了涉及生活、工具、游戏、娱乐等各类应用 1000 多款，链接了大量社会资源，推出了新时代学习大讲堂、雪亮工程、阳光校园·智慧教育、智慧旅游、智慧社区、数字电视图书馆、远程医疗等服务政府、行业并最终惠及大众用户的各类新业态。

　　贵州省广电网络公司成立以来，完成了小网变大网、模拟变数字、单向变智能、单一业态变融合业态的转变，实现了有线网向广电网、再到融合网的转型发展。在科学技术日新月异、经济社会加速发展的新时代，贵广网络将立足新起点，抢抓机遇，应对新挑战，开创新业绩，迈上新台阶，努力实现跨网络、跨行业、跨终端、跨区域、跨所有制和全媒体融合、全方位覆盖、全业态呈现的高质量发展。

贵阳交响乐团

颁奖词：演绎古今经典，探索交响乐发展新模式。

国内首家以民营企业设立永久基金资助的音乐表演团体，现已成为国内优秀的交响乐团，演绎古今经典，融汇东西文化，邀请到世界各地无数优秀的音乐家共同参与，完成了9个音乐季、数百场曲目丰富、水准一流的音乐会。2018年，贵阳交响乐团受邀成为中国音协新兴音乐群体工作委员会的理事单位，在人事制度、乐团运营、音乐艺术追求等方面不断探索，走出一条新出路，创立了交响乐的"贵阳模式"，成了一张令人骄傲了城市名片。

贵州模式：凸显交响乐团优势

中国首家"民办公助"的职业交响乐团——贵阳交响乐团。

作为唯一由民营企业出资创办运营、政府扶持的贵阳交响乐团，率先成功探索了交响乐团经营发展的新机制，在文化旅游产业发展、对外开放、丰富市民精神文化生活等方面积累了丰富的经验，打造了独具特色的地方文化名片。

它创造了全国交响乐领域的"贵阳模式"，从 2009 年 9 月 19 日首演至今，已演出 800 余场高品质的音乐会，吸引 40 余万名观众走进音乐厅；中国国家交响乐团首席指挥李心草、国家大剧院桂冠指挥陈佐湟、世界级指挥家里科·萨卡尼以及上海歌剧院首席指挥张国勇等音乐名家，相继担任乐团音乐总监；频频在国内外巡演、亮相各类高端表演平台。

这一切始于 9 年前，中国第一个民营交响乐团——贵阳交响乐团的诞生。

贵阳交响乐团的诞生，填补了我国交响乐领域多年来没有民营资本注册进入的空白，被中国音乐界最权威的报刊《音乐周报》誉为交响乐领域的"贵阳模式"。

2009 年 2 月 19 日，全国首家"民办公助"职业交响乐团——贵阳交响乐团落户筑城。在贵阳市委、市政府的大力支持下，贵阳大剧院里有 600 个座位的音乐厅成为该乐团无偿使用的演出场所。乐团创建之初，获得市政府拨款 100 万元用于购买乐器，在连续四年每年获得地方政府拨款 200 万元购买乐团的公益性演出服务后，第五年起，这笔拨款增加至 300 万元。

作为股份制企业，贵阳交响乐团的建设和运转管理，都由本土企业星力集团董事会监督，至今，星力集团已经为乐团的发展注资 1.5 亿元。体制创新，让贵阳交响乐团迅速完成了品牌塑造，成为贵阳城市文化新名片。9 年来，他们以无数次高水准的演出，让"贵阳"二字在各地发光。

2010 年元旦，贵阳交响乐团代表中国民营交响乐团，在中央电视台音乐频道为全国人民呈上新年音乐会。

同年 4 月，贵阳交响乐团作为全国 10 家优秀乐团之一，受邀参演"第二届中国交响乐之春"音乐会，被业内评价为在地方职业交响乐团"名列前茅"。

2010 年 8 月，乐团成功举办了国内首届"森林音乐会"。

2012 年 6 月起，赴韩国、新加坡等国家及北京、上海、香港、广州、深圳、成都、沈阳等地演出。

2014 年，参加第四届中国交响乐之春，被誉为"中国最强音"。

特别令音乐家们难忘的还有：2016 年 4 月，在国家大剧院音乐厅举办的"历史的回声"特别音乐会上担纲开幕式音乐会演出，陈佐湟先生执棒贵阳交响乐团，演奏了 20 世纪 50 年代前的 10 部中国管弦乐作品，成为这场中国交响乐盛宴的重头角色。

陈佐湟在当天的音乐会结束后非常感慨："成立才 7 年的贵阳交响乐团，在中国交响乐团的版图上，占据了不容忽视的、光荣的位置，这是一件非常好的事情，是贵阳的骄傲！"

采用音乐季的运作方式，贵阳交响乐团成立迄今已连续举办 10 个音乐季。音乐季从每年 9 月到次年 7 月，由音乐总监总体构思，提出方案，排出时间表，定好每场要演出的曲目，包括从国内外邀请哪些音乐家来演奏等，均一一落实。据介绍，这样的运作可谓高难度，国内仅有四五家交响乐团能够做到。

专业化的运作，不仅确保了交响音乐会的质量，更吸引了国内外音乐大师"扎堆"而来——世界著名指挥家卡尔·圣克莱尔，著名钢琴大师、费城柯蒂斯音乐学院前院长加里·格拉夫曼，世界著名小提琴家伊利亚·卡勒，中国国家交响乐团乐队首席刘云志，曾获帕格尼尼国际小提琴比赛第一名的著名小提琴家宁峰等音乐大师们魅力四射的表演，不断给筑城听众带来惊喜。

乐团首演以来，每场音乐会上座率都在八成以上，一些重量级音乐会甚至连加座都售罄。十年间，乐团收获了 2000 多名固定消费的会员。贵阳交响乐团在交响音乐界留下了让人难以忘怀的风采，更让贵阳这座城市孕育了独有的高雅文化气质。

9 年前，中国首家"民办公助"的职业交响乐团——贵阳交响乐团在筑城诞生。她的诞生，为刚刚荣获"全国文化体制改革工作先进地区"称号的贵阳增添了一大亮点。

而该乐团的组建，源于贵阳星力集团董事长黄志明的一个美好心愿——曾经任职于贵州省歌舞团乐队大提琴手的他，希望能致力于贵阳地方文化事业发展。

贵阳交响乐团的成立，得到了贵阳市委、市政府的高度重视和大力支持。贵阳市不仅无偿提供贵阳大剧院音乐厅作为贵阳交响乐团的办公、排练和演出场所，每年还投入数百万元向乐团购买公益性演出服务。

乐团组建之初，一切从零开始。乐团人事总监王小星一次次赴京，邀请国内最具活力的著名青年指挥家、中国国家交响乐团首席指挥李心草和中国交响乐团乐队首席、小提琴演奏家刘云志帮助做好建团的基本工作。

让王小星至今印象深刻的是，中国国家交响乐团首席刘云志对于贵阳交响乐团民办公助的模式非常惊讶，说："这种模式，连欧美国家都未曾有过。"

了解贵阳市委、市政府对组建乐团的支持力度与乐团的发展理念后，刘云志欣然接受了乐团的邀请，出任名誉团长及名誉首席。

中国国家交响乐团首席指挥李心草，因为看到了贵阳交响乐团的发展希望，决定出任乐团首任音乐总监。

中国国家大剧院桂冠指挥陈佐湟，在刘云志的推荐下来到贵阳，对见到的一切激动不已，当即同意应邀担任乐团艺术指导，之后成为该乐团任期最长的一位音乐总监。

王小星回忆，为了能如期展开排练并揭幕首演，相关负责人面向世界广罗人才，从400多名应征者中遴选出46人组成乐团的最初班底。从2009年6月6日开始，经过三个多月的高强度排练，到9月19日首演，交响乐团收获了陈佐湟、刘云志等国内著名交响乐音乐家以及社会各界人士的由衷赞叹。

贵阳交响乐团成立以年来，毫无疑问成了贵阳这座西南内陆城市里的一张闪闪发光的文化名片。她不仅为世界推开了一扇看贵阳的文化之窗，更为高雅艺术飞入筑城寻常百姓家打开了一条光明的通道，让贵阳市民为之而骄傲。

王小星说，贵阳交响乐团的演奏员时常会遇到出租车司机不肯收他们车费的"幸运"；有的演奏员上牛肉粉店吃早餐，店主得知他们的身份后，硬是要给他们免费加量。

高雅音乐：贵州品牌灿然花开

贵阳交响乐团是双管编制管弦乐队，由来自七个不同国家和地区的60多位优秀青年音乐家组成。贵阳交响乐团自建团以来，无论是在人事制度还是乐团运营方面等都在不断探索和尝试新的发展模式，先后多次进行全球招聘，以尊重艺术发展规律，重用人才为本，为乐团的可持续发展不断注入新的血液；不仅如此，乐团还特别邀请到了世界各地一流的音乐家、指挥家及歌唱家等等，历任总监包括李心草、陈佐湟、里科·萨卡尼；乐团自第九个音乐季以来，由著名指挥家张国勇先生出任乐团音乐总监。尝试多元化发展，音乐季演出涵盖古典、流行和爵士乐，全方位地向观众展现古今中外经典音乐，极大地丰富了贵阳的音乐市场和元素，为贵阳听众带来了更为丰富和高水平的音乐盛宴，为推动贵州省音乐事业发展和激发音乐市场潜力助力。同时，乐团在音乐教育和社区推广方面不断注入创意和活力，定期举办《儿童专场音乐会》，在开办音乐学校的同时更为贵阳市的中小学生提供专业指导，亲身步进校园，拓展音乐观众的层面，更为年轻音乐人才实现音乐梦想助力。

乐团严谨的作风和精致细腻的演奏，获得外界一致赞誉。自乐团成立以来，每到周六晚，乐迷们就如约来到贵阳大剧院音乐厅，静静地享受音乐带来的美好。

"七年来，我已经观看了一百多场音乐会。"该乐团的会员、家住中天花园的李先生说。

乐团除了交响音乐会，还有室内乐、特别音乐会、庆典音乐会等。一年中，乐团仅是音乐季的演出就有 40 多场，加上讲座、交响乐进校园等各种演出活动，全年的演出在 80 场左右。

统计数据表明，从 2009 年 9 月首演至今，贵阳交响乐团已演出了 500 余场高品质的音乐会。

是否有完备严格、较高水准的音乐季演出计划，是衡量一个乐团专业程度的标准。目前国内 60 多个交响乐团中，只有 10 来个乐团有完整的音乐季。

"贵阳交响乐团持续 9 年推出的制定严格、水准较高的音乐季，已经从一个侧面说明贵阳交响乐团的职业化程度很高，这样的乐团并不多。"陈佐湟先生说。

舒适专业的音乐厅，高水准的演奏，但票价却很亲民。音乐会最低票价15元，绝大多数票价在159元以下。而大多数场次的最贵票价，也仅399元，远远低于其他城市。这样的票价，在很大程度上拉近了高雅音乐与市民的距离。

贵州师大的王老师已记不清自己听了多少场贵阳交响乐团的音乐会了。"我很喜欢听古典音乐。这个乐团成立以前，我是到北京、上海、广州等发达城市学习或出差时，专程去当地的音乐厅听音乐。而这几年，在家门口就可以欣赏到高水准的交响音乐会。现在，每周六晚来听音乐会成了我的一个习惯了。"

如今，已成为常态的交响音乐会培养了观众的欣赏水平和文明优雅的举止。多次听到国内外的演奏家和乐手们说，贵阳的音乐氛围越来越浓厚，观众们在音乐会上表现得很文明、懂音乐，让演奏者觉得有尊严。

贵阳交响：奏唱新的辉煌乐章

2013年5月，贵阳交响乐团巡演到成都，著名钢琴家但昭义闻讯前去欣赏，听完演奏后激动地对乐团负责人说："我认为贵阳交响乐团在国内达到了一流水平，你们真是为贵阳市民做了件大好事。"与世界多个顶级乐团、音乐家合作过的著名大提琴演奏家王健，2015年首次与贵阳交响乐团合作，这个团的表现令他吃惊："早就听说了贵阳交响乐团，这个团在中国可以说是个奇迹，很不得了！一个企业出资组建交响乐团，这样的贡献在欧美都很少。而贵阳政府也很了不起，将这样好的音乐厅给乐团使用，尽力地支持一个民办乐团。还有乐手们对音乐都表现出很高的热情、很投入，这一切让乐团成长迅速。"

曾获帕格尼尼国际小提琴比赛第一名的著名小提琴家宁峰，已经是第三次与贵阳交响乐团合作了，乐团的表现再次给他带来了惊喜："与这个乐团多次合作，每次都感觉比上一次有很大进步，而且每一次都会看见一些新的面孔，不断输入的新鲜血液让乐团的发展充满活力。"

对于贵阳交响乐团的昨天和今天，见证了乐团成长的刘云志先生更是深有体会："虽然贵阳不是中国最发达的城市，但追求却不落后。乐团的昨天是基础、激情、希望，有了好的想法、企业的投入、地方政府的支持、有识之士的努力、优秀音乐家的参与，才使昨天得以开始，给今天打下坚实的基础；而乐团与国际接轨的各种先进的理念和管理模式，让乐团有了迅速成长的今天；这一切，又保证了乐团会有一个不断成长、更加美好的明天。"

"贵阳交响乐团为中国交响音乐事业的发展注入了活力，为繁荣贵阳市民的文化生活做出了巨大贡献。我们期待着这支乐团今后在中国的交响乐事业中留下辉煌的篇章。"国家大剧院副院长朱敬说。

遵义红旅集团

传承红色基因　做强红色旅游

颁奖词：丰富红色文化内涵，打造红色旅游精品项目。

成立于 2007 年，现有 6 个全资子公司、3 个控股公司、3 个参股公司。公司制定了企业三年战略目标，以红色培训、资产运营、酒店管理为三大主营业务方向。遵义红色文化教育培训学院开班 200 余期，培训学员 2.5 万余人次；"1935 文化新天地"内有民俗博物馆、酒文化博物馆、非物质文化遗产、红歌台、曲艺家舞台、服装文化、饮食文化、休闲娱乐等业态；以遵义宾馆和圣地酒管品牌为支撑，整合 29 家酒店资源。企业正不断提升社会效益和经济效益，为遵义建设成为"全国著名红色文化传承基地"而积极作为。

"带着孩子们来感受下红色革命的精神。"在遵义会议会址纪念馆，一位家长正在向孩子讲述革命先烈的故事。暑期旅游旺季，遵义红色文化旅游正在持续升温。不少家长选择带孩子到遵义旅游，追寻革命足迹，接受爱国主义教育。

传承红色基因，讲好遵义故事。作为遵义市内承担红色旅游投资开发责任的遵义红色旅游（集团）有限公司，抓住遵义市委政府打造"全国著名红色文化旅游基地"的战略目标，扬长避短找出路，放眼全国抢市场，对接市场创品牌，致力于全方位推进红色文化产业链建设。

提档升级红色培训

2018年7月，遵义市旅发委、市场监管局、市教育局等部门联合下发《关于同意遵义红色旅游（集团）有限公司成立遵义红色文化教育培训学院的批复》，标志着遵义红色文化教育培训学院正式成立。

"红色文化教育培训学院的成立，给红色文化培训、红色文化传承提供了坚实的基地，对于做大做强以红色文化培训为主的红色旅游业务具有重要意义。"据遵义红旅集团总经理吉桃介绍，该学院位于遵义市银河西路中段长征文化博览园，占地149亩，建筑面积62519平方米，主体工程已全部建设完毕，配套设施已相对完善，仅车位就1000余个。

为了把遵义打造成为全国红色传承精神高地，在2016年，遵义红旅就担当起社会责任，成立了遵义红色传承文化培训有限公司，成为遵义市唯一一家开展红色培训的国有企业，以全国各地党政机构、外地企业等团队为主要受众，致力于打造专业、规范的红色文化培训产业，至今已累计接待红色培训及体验游3万余人次。公司深挖红培市场潜力，通过现场教学、情景教学、体验教学等，人们重新认识了红色遵义，再一次拾起长征精神，实现企业经济效益、社会效益双腾飞。

2018年8月10日，由遵义红色文化教育培训学院组织开展的"红培大讲堂"在"1935文化新天地"正式开讲。据了解，大讲堂邀请多地方史专家、党史专家开展专题宣讲，主要课题有《遵义会议的历史地位和深远影响》《中国特色革命道路与中国建设道路之比较》《毛泽东四渡赤水的战略思想》等。每周五15：00开讲，每场时长约100分钟，以各级党组织预约参与为主，也接受广大市民报名旁听。

以"打造全国知名的红色文化培训品牌"为战略目标，遵义红旅通过一系列升级改造，结合遵义会议会址、红军山烈士陵园、娄山关战斗遗址等遵义特色的红色文化资源，把习近平新时代中国特色社会主义思想和党的十九大精神作为宣讲的内容之一，开展灵活多样的宣传教育，拓宽宣讲视角，对传承红色基因起到重要作用。

"遵义红旅将着手设计黔北特色和红色文化相融合的学院建筑群。同时，为提档升级红色培训项目，还将围绕学院建设用地，打造集专题教学、体验教学、情景教学、演艺教学等基地及相关配套服务设施为一体的大型红色培训综合体。"遵义红旅党委书记、董事长谢虎表示。

新成立的遵义市红色文化教育培训学院将通过完善的培训体系、丰富的授课形式，遵循以史育人、以情感人的教学理念，把理想信念教育与能力建设贯穿始终，传播以长征精神和遵义会议精神为代表的遵义红色文化精神。

整合资源强产业链

争当红色旅游领头雁，抓市场热潮，举红培之大旗，树行业之标杆，共同为推动遵义市红色文化产业发展助力。在遵义市红色旅游发展的"快车道"上，有遵义红旅的足迹、有遵义红旅的平台、有遵义红旅的成果。

红色旅游，是遵义旅游发展的一面旗帜。为推动遵义旅游"井喷式"发展，在遵义市国企重组后，遵义红旅划入遵义交旅投集团，利用遵义交旅投集团资源优势及企业旗下平台资源，充分发挥旅行社、集散中心、智慧旅游、文化传媒等功能优势，遵义红旅集团致力全方位构建红色文化旅游产业链。

遵义红色文化培训中心充分整合、有效利用全市优质红色资源，丰富红色文化内容、提升红色培训内涵。依托遵义红军街、红旅客运、遵义宾馆等项目，培训中心积极整合各方面资源，从票务、导游、交通、酒店方面为学员争取更多实惠和便捷。

与遵义文旅、遵义演艺等企业开展密切合作，积极打造红色旅游精品线路，在四渡赤水纪念馆、习水土城等景区开展红色遗址遗迹观摩，组织观看《伟大转折》等教育情景剧。

同时，红旅积极寻求红色文化产业创新发展之路。2018 年 3 月 8 日，由遵义红旅独立品牌运营的第二届"中国女红军之路"国际马拉松赛事在遵义鸣枪开跑。此后，红旅同北京行知探索开展合作，在体育赛事中植入长征精神，探求竞技魅力与文红色承合一的体验感知方式。

2019 年 1 月，圣地酒管公司易帜红旅名下，十余家酒店分布在遵义市区、湄潭、赤水等红色景区，为开展红色相关产业提供了强大的后勤保障。以遵义宾馆为例，平均入住率、出租率常年保持在 80% 以上，生动地反映了在红色产业覆盖下的连带需求。

以红军街和 1935 文化新天地为主题的商区，正在紧锣密鼓地升级改造中，这是红旅打造红色特色商区的点睛之笔。通过外出调研考察，结合本地实际，遵义红旅通过科学规划、合理布局、丰富业态、提升品质等手段，正着手打造遵义文化旅游的一张商业新名片。届时，依托遵义老城片区的人流量和遵义会议会址的游客量基数，将呈现一派传统文化与现代文化完美融合之景。

在有针对性地宣传营销和旅行社的合力推广下，如今，以重走长征路、爱国主义教育为延伸的经典红色旅游产品和线路受到了众多外地游客的青睐。

当前，遵义市以"遵义会议""四渡赤水""娄山大捷""突破乌江"等红色旅游产品为重点，已经投放市场的各类旅游区（点）达 57 个，初步形成"一核、三线、多点"的红色旅游产品体系。

据遵义市《2018 年上半年全市旅游业发展情况通报》显示，今年上半年，遵义市红色旅游接待游客总量为 1888.48 万人次，同比增长 12.8%，实现旅游综合收入 142.2 亿元，同比增长 16.3%。

西江千户苗寨

开创旅游扶贫新模式　树立行业新标杆

颁奖词：世界一流苗寨文化旅游目的地。

以民族文化旅游为抓手，以促进地方发展和人民群众共同脱贫致富为目标，着力打造文化旅游精品项目。近十年来，通过以"强管理、抓品牌、显特色"为目标，狠抓提质扩容推动景区转型升级，探索并迈上了"民族文化＋村寨＋旅游＋村民"的西江模式步伐，文化旅游深度融合发展，实现了"井喷式"增长，仅 2017 年景区接待游客 606.5 万人（次），旅游综合收入达 49 亿元，有效带动了村民增收致富。目前景区已成为响彻国内外的知名文化旅游目的地之一。

2009 年，贵州省西江千户苗寨文化旅游发展有限公司是由县人民政府出资建立的国有独资公司，注册资本 3348.8 万元。当前公司设有董事会、监事会、经理会、党委、工会、3 个职能部门和 17 个分子公司，现有员工 860 人，现有资产 36 亿元。近年来，公司先后获得"国家文化产业示范基地""贵州省文化产业示范基地""世界十大乡村度假胜地""贵州省服务业名牌""最美中国民俗、民族旅游景区国际知名旅游度假景区""中国优秀国际乡村旅游目的地""贵州省第二届省长质量奖提名奖""贵州省企业文化建设十佳知名品牌"等荣誉称号，并是州级非物质文化遗产（苗族飞歌、苗族芦笙舞）保护传承教育示范基地。

强根基：打造"西江模式"

引入先进质量管理方法，解决企业发展瓶颈，成功打造乡村旅游"西江模式"。随着游客量连年增长，公司以"强管理、抓品牌、显特色"为目标，以质量推动景区的转型升级。

一是明确"内涵式发展"战略，将质量提升景区文化品位，质量提升游客满意度作为公司发展目标，长短结合，分步实施，五年、十年规划成为公司前行的方向标。2011年，通过 ISO9001 质量管理体系认证，启动国家旅游服务标准试点创建工作。2014年开始导入卓越绩效先进质量管理方法，探索建立具有本土特色的质量管理模式。

二是强化内部管理。强化员工培训，建立员工激励机制，形成了"诚心待游客，同心讲工作，信心对事业，爱心报社会"的企业核心价值观。

三是关注顾客满意度，实施精准过程管理。通过实施卓越绩效管理，注重对游客客源地进行精准分析与统计，推出了"门票＋非遗体验""门票＋特色长桌宴""景区间直通车"等服务项目，兴建了苗族文化生活馆、文化表演场、芦笙场等文化传承保护点，打造了村寨夜景工程、"美丽西江"歌舞表演等系列文化体验产品，获得了省外游客的认同。据统计，近年来省外游客占景区游客总量的85%，占门票收入的50%。

四是以大数据＋旅游，构建智慧安全景区。景区通过公安人脸识别系统、交警车辆违章违停系统、消防大数据消防安全系统搭建"智慧西江"指挥中心，为景区的安全奠定了坚实基础。目前，景区已有1400多户农户安装有安全感知电路灭弧设备，景区旅游、防火安全得到有效保障。

国际化：打造"世界一流"

多渠道开拓旅游市场，加大景区影响力，全力打造"世界一流苗寨文化旅游目的地"。强大的客流量和客源市场占有份额是景区做大做强的标志和体现。近年来，公司以媒体营销、网络营销、旅行社营销、推介活动营销、旅游路线联合营销、景区内文化活动营销等方式，多渠道多策略营销促销手段，加大宣传促销力度，努力开拓旅游客源市场。2016 年 11 月 30 日，贵州雷山苗族文化宣传片《千户苗寨悠然雷山》在美国纽约时代广场塔楼广告屏上滚动播放，原生态的民族文化和美丽的山水田园风光吸引美国众多市民驻足观看，这标志着这一品牌日益国际化，逐渐为世界各地的旅游者所认知。2017 年 11 月 23 日，一场名为"苗族文化与和谐发展"的世界苗族文化交流会在雷山县举行，来自美国、加拿大、澳大利亚、泰国、法国、老挝 100 余名苗族同胞参加了此次大会，并赴西江苗寨开启文化的寻根之旅，突显出西江苗寨正朝着打造"世界一流苗族文化旅游目的地"迈进。

民族化：美丽西江"舞"起来

抓好景区文化挖掘、展示和提升工作，全力传承和发展文化这一核心竞争力。文化是旅游发展的基础和灵魂。西江景区作为民族文化类基地，更是苗族文化展示的核心基地。一直以来，公司高度重视景区内部文化提升与文化展示项目的打造工作。

一是 2014 年，推出了《美丽西江》大型实景民俗晚会，让游客很好地领略到苗族歌舞文化。

二是大力挖掘苗族文化。先后增加并完善了苗族文化参观、体验点，重新规划打造东引刺绣点、羊排刺绣点、也东刺绣点、羊排村委凉亭刺绣点、嘎歌古巷刺绣点、苗疆锦绣刺绣点等 10 余个刺绣展示点，推出银饰坊、阿幼苗族文化体验博物馆、农民画家、酿酒坊、蜡染坊、鼓藏堂、鼓藏文化博物馆、阅读西江图书馆、田园观光区打造、活路头农耕文化博物馆、嘎歌古巷苗族文化体验古巷，斗鸟，以及古歌、苗歌等非物质文化体验项目，实现苗族传统技艺与旅游发展深入融合等静态文化展示点。新建西江千户苗寨苗族文化研究院和苗族文化创意中心，并不定时开展景区民俗文化展示展演活动。如："迎亲、送亲""满月酒""刺绣比赛""穿针比赛""捉鱼比赛""苗族情歌比赛"等活动。让游客分散到景区各"苗文化"项目展示点，多角度、全方位地体验和了解苗族风情文化。另外，完建苗族文化创意中心，并新增了苗族古歌、苗族飞歌、苗族情歌、苗族巡展、银饰锻造技艺、苗族传统芦笙舞展演、苗族十二道拦门酒展示展演、鼓藏堂定期开展"祈福仪式"活动等 28 个活态文化展示点。

三是积极探索民俗文化展示与游客参与项目的挖掘，与村民共同定期推出了苗寨迎宾、古歌传唱、服饰巡游展示、打花脸、打糍粑、跳芦笙、高山流水、高排芦笙等系列民俗参与体验活动。

四是强化非遗文化传承基地建设。经积极申报，公司荣获苗族飞歌、苗族芦笙舞州级非物质文化遗产保护传承教育示范基地荣誉称号，节目《苗族芦笙舞》在黔东南第十一届民族文艺汇演比赛中荣获第三名佳绩。2015年，公司还组织演员队伍赴北京参加中央电视台综艺频道《舞蹈世界》栏目录制，并被授予"舞蹈全明星特别荣誉奖"。

五是强化景区苗族文化和风俗习惯挖掘和展示，增加景区深度游体验项目。如：春节、三八节、五一节、端午节、吃新节、国庆节、苗年节等节日；同时，结合不同季节和时期，还创新举办了如亲子游、游方之旅等活动；不定时开展如"迎亲、送亲""满月酒""刺绣比赛""穿针比赛""捉鱼比赛""苗族情歌比赛"等活动景区民俗文化展示展演活动。另外，为满足游客需求，每天与游客互动开展"蜡染体验""画画体验""学苗歌""学吹芦笙""学苗舞""吹木叶"等体验活动。

六是推出"嘎歌"系列品牌，完善景区核心苗族文化建设，完成嘎歌古巷非遗文化展示街区的打造，增强了景区文化内涵和拓展了文化旅游产品业态。

另外，于2008年以来，制定出台了《西江千户苗寨文化保护补偿办法》以及评级奖励办法，每年从景区门票收入中提取18%作为民族文化保护基金，从建筑保护、行为规范、环境保护等三个方面与民族文化保护经费挂钩，建立起保护民族文化利益的共享机制，实现了村民从"要我保护"到"我要保护"的转变。

夯基础：精准的颜容"靓"起来

完善相关基础设施建设，确保硬件配搭服务，营造良好的发展环境。近年来，公司一直将景区的基础设施建设和文化提升工作作为首要目标来抓。

一是基础设施建设不断完善。景区按照创建国家5A级景区建设标准，对景区智慧旅游指挥系统、旅游步道、栈道、休息设施、标识标牌、灯光、污水、绿化、旅游公厕进行了整改与提升。完成古街路面石板建设、景区绿化道牙建设、景区石板路面维修及水沟清理、平寨步道建设项目；完成环寨公路铺油、绿化、观景台、停车场及沿线等相关配套建设 9 个项目；完成环线"大北门——西门——长肖处和西门——西江高速路口"大树栽种项目和环线补苗项目、长肖至牛角步道及涵洞建设；完成生态停车场绿化及土建项目；完成西江景区污水处理厂工艺改造和土建建设、管理用房建设；完成景区步道路灯电缆地埋，北门及西街路灯安装和景区夜景灯光日常维修；完成牛角广场、景区芦笙场、景区烧烤一条街栈道、长肖观光车倒运点长廊建设；完成高速出口至营上路段路灯安装项目。

二是做好景区内部基础设施管护工作，实施道路、灯光系统、景区绿化的一体管护，并同步做好违建管控、新建房屋降色、陈旧房屋修缮等工作，全方位维持了景区的整体风貌和文化的原生性。

三是全力推进重点项目建设，抓好西江景区提质扩容工作。

勇创新：金字品牌"亮"起来

勇于创新，着力打造民族文化精品，弘扬传统苗族文化。

一是成立了旅游商品旅游开发公司，组建旅游商品研发团队。以苗族文化为依托，开发了雷山鱼酱酸、苗族娃娃手工笔、苗族印花刺绣帽等文化旅游产品。

二是积极开展科研人才的培训和引进。近三年来，共投入研发经费 200多万元，引进高级科技人才 3 名，培训电子商务专业技术人员 50 人次，现有研发人员 10 名，占职工总数的 20%，其中国家级设计师 1 人，本科学历8 人。

三是不断完善研发机制，建立产品研发中心，配备高端摄像机、各种高级电脑等各种设备用于研发；同时，加强与各高校合作，每年都招聘一批大学实习生充实技术队伍，并邀请行业内学术专家到公司举办专题技术讲座，让技术人员及时了解行业内最新技术动态和知识。

四是坚持自主创新，加强品牌产品研发。目前公司开展研发项目共计10项，其中涉及软件技术开发产品项目6个。共申请专利6项，有近10多系列文化旅游产品在省内外销售，得到了用户的充分肯定和广泛赞许。

万峰谷生态文化旅游公司

烙制文化印记　打造企业生态品牌

颁奖词：修身养性的心灵故乡，山地旅游的崭新名片。

依托黔西南万峰林、万峰湖、马岭河峡谷等自然原生资源，依托原生态民族文化资源，尊重地域自然风貌与原生文化，融入全球化的资源，艺术化的设计手法，建造"人类正常生活方式保护区"，打造世界文化艺术硅谷。万峰林国际会议中心、万峰林国际户外会演中心已投入使用，艺术家小镇主体建设完成。万峰林国际会议中心成为"国际山地旅游暨户外运动大会永久性会址"，先后承办三届美丽乡村峰会以及两届国际山地旅游大会。

万峰谷：缔造艺术天堂

万峰林未来国际艺术圣地。万峰谷，坐落于黔西南州万峰林中，依托黔西南自然原生之美与多彩人文资源，结合当地的民族文化，保留当地的生态自然环境和当地人民的生活习俗，将国际艺术文化与当地的文化融合，搭建了一个国际的艺术平台。

2014 年，"丝绸之路国际漫画大赛"终评系列活动在万峰林举行，来自俄罗斯的动漫大师兹拉特科夫斯基·米克哈尔在看过万峰林后感叹道："万峰林是上帝留给人间的一方净土，这里安静、祥和、环境优美，这里的人们淳朴、热情，以我从事教育 40 年的经验来看，这里有着肥沃的艺术土壤。"

而在"丝绸之路国际漫画大赛"活动中森垚·万峰谷首席战略顾问梁上燕也表示："我们的定位是要将万峰林打造成中国的艺术硅谷，我们要将这里搭建成一个思想交流的平台，包括企业家、文化人、艺术家，不同的思想在这里交融，然后产生新的创作。兴义一城三景，是天造地设的一个地方，通过跟大自然和世界的对话，一方面会帮这些有思想的人走向国际，另一方面也可以迸发新的东西。"

梁上燕认为，中国需要有品位的生活。山地和海边的旅游不一样，每一次爬山的感觉和看到的风景，所有东西都不一样。在万峰中，需要的不是一个城市中独一无二的土地，而是一个鸟儿可以在窗上做巢的地方，地是自然的建筑，人也是人文的建筑。而无疑这样一片净土，将是艺术家寻找创作灵感的绝佳之地。

世界大师共筑艺术天堂万峰谷。在万峰谷的打造理念构想中，其绝不是一个商业地产，也不是另一座城市，而是一个完整而有序循环的自然谷镇，所有建设都以尊重自然原生为原则。带着这个目的，万峰谷邀请到了来自国内外的著名建筑大师为其量身打造了一个艺术世界。

其中，中国当代著名建筑师朱培在看过万峰谷的规划之后激动万分，在机场现场挥毫泼墨，以水墨画的方式构想出万峰谷的概念图。作为当今世界最具影响力的 5 位（50 岁以下）建筑师之一，朱锫先生设计的"万峰林会议中心"，让建筑形态与万峰林自然山峰融为一体，如同散落山间的石头，最大限度地尊重并保留了万峰林喀斯特地貌特征。

2015 年 8 月，意大利著名设计师博埃里，与"万峰谷"达成战略合作，携手共同打造万峰谷"森林村庄"。在满山森林的万峰之中，我们需要的是一个鸟儿可以来居住者的阳台边栖息筑巢的艺术建筑。她是自然的建筑，也是人文的建筑，万峰林在过去的亿万年是自然的宠儿，而森林公寓要做的，只是在人类短暂的历史之间，保存与延续她的壮丽。

除此之外，国际著名跨界艺术家——马兴文先生，也被万峰谷所打动，这里的一切与他所倡导的"天、地、水、仁"无比契合。马兴文认为这里可以激发无限的创作灵感与共鸣，他在万峰谷中打造了 6 种各具特色的客栈。他说："客栈是根据万峰谷原生态自然资源、民族风情和艺术风格所能带给人们一个全新的生活方式而打造出的，它不仅只是房间、一张床、桌子而已，更是不一样的生活方式，在这里可一边吃着兜兰料理，听着音乐零距离感受大自然的气息。"

同样被万峰林深深吸引的还有法国建筑规划设计师、广东省建科建筑设计院规划研究中心总建筑师文森特·盖森，从法国到兴义，500 多天的勘察与思考，他走向山间与田野，走进村庄，与布依族老人交谈，他被这片土地打动，并将这种感动融入他的设计理念中。

万峰谷对每个合作方都是经过慎重的选择，无论是国际顶尖设计大师或者国内建筑设计界的翘楚，合作的首要条件是，尊重万峰林的自然环境与原生文化，不要让建筑破坏了山的风景，不要让建设污染了当地的质朴与纯净。

万峰林遍布艺术瑰宝，能让你瞬间就爱上她，被她的气质所迷，然后慢慢地品味，最后依依不舍地离开。作为黔西南州的后花园，这里有太多的自然生态和艺术作品值得拜谒。艺术家群落、森林公寓、艺术客栈等艺术作品都充满了梦幻、神奇。未来在世界大师的打造下，万峰谷小镇势必将成为独一无二的标本，吸引着四面八方的艺术圣徒前来顶礼膜拜。

生态佳：绝美惊艳世界

近年来，黔西南州以山地旅游与生态建设融合发展战略，立足本地丰富的自然资源，大力发展大健康旅游产业，构建以"医、养、健、管"为支撑的健康管理服务产业的大健康医药产业体系，努力建设集观光、休闲、疗养、度假、健康、养生于一体的综合旅游目的地。黔西南坚持以节约优先、保护优先、自然恢复为主的方针，扎实推进生态保护各项工作，全州生态建设取得突出成效，生态环境质量进一步提升。在成功举办首届国际山地旅游大会，并连续举办四届"中国美丽乡村·万峰林峰会"后，又迎来国际山地旅游暨户外运动大会。

黔西南在对万峰林景区升级时，遵照的是"保持原始风貌，让外界看到一个国际化生态化的万峰林"理念。为了减少施工对环境的破坏，特意请来马帮担负起建筑材料运输任务。处在万峰林中的万峰谷更是以尊重自然原生为原则的开发理念，打造一处原生态小镇。

处在万峰林中的万峰谷项目也向世界展现其独特的美，吸引着来自世界各地的人们前往。万峰·潮中国国际山地旅游城暨万峰谷·中国文旅小镇发布会在北京举行。来自中国地产行业协会领导、易居·沃顿研修班、地产界、投资界、媒体界等 200 余位嘉宾参加发布会。

发布会上，意大利著名设计师博埃里先生就通过视频连线，祝贺万峰谷的成功问世。他说："万峰林在过去的亿万年是自然的宠儿，而森林公寓要做的，只是在人类短暂的历史之间，保存与延续她的壮丽。我很高兴能与梁上燕女士一道参与万峰谷项目建设，我也深深被这连绵不断的山峰震慑住了，这个自然景观是如此雄伟壮观，在自然之中，感受万峰带来的无限美。"

是的，万峰林的美是不需要刻意装饰，是大自然赋予的自然之美，就像西班牙设计师约翰说的"万峰林天生有不能超越的美"一样，尊重自然、回归自然才能看到真正的美，而它就是生态之美。

依托黔西南自然人文资源的万峰谷，以"文客商"模式创建了世界生态谷镇，在总体规划中万峰谷以大健康、大文化、大旅游三个层面，打造的一谷、一核、三区、六镇。主要分为"万峰生态文化原生谷地，区域艺文综合发展核心，健康颐养区，民俗创艺区，休闲旅游区，家庭户外主题小镇、健康养修主题小镇、度假休闲主题小镇、教育创意主题小镇、民俗艺文主题小镇、旅游接待万峰新镇"。万峰谷把文旅产业重新定义为社会化产业，通过大健康、大文化、大旅游打造的世界级文化艺术硅谷向世界大舞台展现。

以"自然原生、新旧共存、善意经营"的营造法则，尊重地域自然风貌与少数民族原生质朴的生活方式，融入全球化的资源，艺术化的设计手法，建造"人类自然生活保护区"，打造一个"回到人类小时候"的艺术谷镇，让人们体验贴近自然的当代农耕生活，打造世界文化艺术硅谷、养身养心胜地的万峰谷又一次向世界展示她的生态之美。

天下第一壶

颁奖词：贵州茶文旅一体化的璀璨明珠。

公司是"贵州省茶文化研究会副会长单位"，先后被授予中华茶文化研究基地、非物质文化传习基地、上海大世界基尼斯之最、贵州十大魅力旅游景区、国家 AAAA 级旅游景区、贵州省 100 个重点旅游景区之一等称号。建成天下第一壶中华茶道馆、天壶国际大酒店、水上乐园、天壶美食街、天壶风情街、游客接待中心等项目。

获得"大世界基尼斯之最"的天下第一壶，耸立在湄江河畔风景秀丽、绿树丛荫的火焰山上，是世界最大的茶壶实物造型，是湄潭的标志性建筑与城市名片。天下第一壶中华茶文化博览园，以天下第一壶为核心，精心打造全国第一家集茶文化旅游、茶艺表演、茶博物馆、茶产品展销、茶文化体验与研学实践教育为一体的综合型茶文化项目，并于 2013 年 8 月入选国家 AAAA 级旅游景区。

经过多年打造与沉淀，博览园景区先后成为全国唯一的中华茶文化研究基地及中华诗教先进单位、贵州省文化产业十佳企业、省级文化产业示范基地、市级中小学研学教育实践基地、遵义市茶文化产业示范基地，以及上百所知名大学、科研院所教学实践基地和国内外知名专家、学者、教授工作站，并与国内外多个著名旅游景区、旅行机构、文化机构、高校等签订战略合作协议，与国内外多名知名作家、画家、国学大师、文化专家达成讲学合作。

整合资源，打造茶文化与本土文化制高点

习近平总书记在十九大报告中指出，要坚定文化自信，推动社会主义文化繁荣兴盛。天下第一壶中华茶文化博览园自建园以来，始终秉承"秀甲天下茶品质，海纳天下茶文化，诚聚天下爱茶人，传承中华茶文明"的建园宗旨和"一步一眸皆风景，一草一木皆文化"理念，以茶为媒，景为依，情为缘，为景区注入醇厚的茶文化与传统文化，为几千年的茶文化长翅膀、塑品牌，着力打造中华茶文化生态旅游精品线路。

作为我国古茶树的发源地之一，贵州拥有几千年的产茶历史。以中国近代第一个中央实验茶场和"密植免耕"速成优质高产栽培法为标志，张天福等一代茶师在湄潭铸就了中国近代茶业发展史上绝无仅有的象山文化，弥足珍贵，影响深远。拥有吉尼斯世界纪录头衔的"天下第一壶"旷世奇绝，潜力巨大。湄潭汇集了湄潭翠芽、遵义红、栗香、兰馨等数个名优茶品牌。每年明前茶采摘时节，国内外客商云集。天下第一壶茶文化公园的建设，不但丰富和延伸了原有的旅游产品，更将有效注入和拓展得天独厚的文化内涵及特色产业优势资源，通过茶旅一体化的打造，大力助推本土茶产业、旅游业，具有广阔发展空间。

专业化、产业化整合，打造世界首个"中华茶道馆"

为更好地传承与弘扬博大精深的中华茶文化与传统文化，博览园精心打造的全球首个"中华茶道馆"，内设唐、宋、明、清茶道馆，中国少数民

族茶俗馆，日韩茶道馆，台湾茶道馆，湄潭极品翠芽体验馆，贵州"三绿一红"体验馆，通过环境、文化、服饰、现场表演等高度还原，足不出户品鉴世界各地风格迥异、多姿多彩的茶文化（产品）艺术，演绎中华是茶的故乡及其大中华茶产品与文化的发展和传承这一主题。将天下第一壶已有的旅游品牌影响力与象山文化及当地人文景观有机进行专业化、产业化整合，形成以天下第一壶中华茶文化博览园为核心景区，以"万寿宫""茶科所、茶场"茶历史体验，"象山"体验式采茶、销售与樱花观赏，核桃坝"茶文化、观光农业度假中心"体验式采茶、制茶、采摘果蔬及户外拓展、观景、度假，湄潭"滨河景观"游览，花园桥至枫香湾大桥江景"舌尖上的湄潭·天壶茶文化美食街""天壶欧陆风情街"餐饮、游览、购物，天壶国际大酒店配套五星级住宿、购物、娱乐等，构成完整的茶文化生态旅游观光线路。

拓展多元化产业，体现企业社会价值

根据国家提出的加强"校企合作"，注重培养质量，注重在校学习与企业实践，注重学校与企业资源、信息共享的"双赢"模式。校企合作做到了应社会所需，与市场接轨，与企业合作，实践与理论相结合的全新理念，为教育行业发展带来了一片春天。公司响应国家号召，陆续与贵州大学、湖南农业大学、遵义师范学院、韩国国立木浦大学等数十家学校开展了校企合作工作，从学生就业、课题研究、开发合作等各方面开展合作，目前已取得成效。同时，将天壶景区旅游业与茶产业深度融合发展，开发茶产业相关旅游产品初显成效。为推动旅游扶贫战略，景区均于年初制定了旅游扶贫工作实施方案，建立有景区带动贫困人口受益利益联结机制及帮扶机制，各项机制实施效果好且带动贫困人口增收效益明显，结合茶叶、板鸭、茅贡米、天壶雕塑等特色旅游商品，通过经营特色购物商店、吸纳周边住户就业、带动周边商铺发展等方式带动贫困户就业。

2019 年，景区建设带动就业人数超过 500 人，固定就业人员为 220 人左右，临时工人 286 人左右。

发挥中华茶文化研究基地效应，拓展研学实践活动

自 2019 年博览园荣获遵义市第二批研学实践教育基地以来，把中小学研究教育作为重中之重，认真贯彻教育部等 11 部委关于研学旅行文件精神，落实《中小学综合实践活动课程指导纲要》，成立研学旅行领导小组，积极主动多方联系协调，努力推进基地中小学研学实践教育工作。

开发线路，形成精品研学课程体系。为推进研学实践工作顺利开展，结合当地域资源优势、整合各种社会资源，积极开发研学实践线路，打造具有本土特色的研学基地。为充分利用湄潭县旅游资源和人文资源，经多方努力将中国茶工业博物馆、浙大西迁博览馆、中国永兴万亩茶海、象山茶植物博览园、田家沟红色文化圣地（《十谢共产党》发祥地）、湄潭文庙、翠芽 27° 景区、七彩部落、核桃坝、中国茶城等 10 个旅游景区整合开发为中小学生研学旅行线路上报市教育局。在此基础上认真设计线路，确定研学主题，形成富有特色，符合中小学学生实际的课程体系。

发挥基地职能，为研学旅行保驾护航。为确保研学旅行顺利、安全实施，研学小组在每次活动前都要与研学学校制定周密的计划和活动方案、应急方案，并在应急预案中要有详细措施，要把活动可能的安全风险告知学生家长，把安全内容纳入研学旅行工作全过程，并对所有参与人员进行

活动前培训。我基地先后配合 13 所学校 4471 名学生顺利完成研学任务。

天壶博览园景区作为国家 4A 级旅游景区及国内首个中华茶道馆、市级研学基地，2018 年景区游客接待人数为 15.34 万人次，实现旅游综合收入约为 1086.6 万元，2019 年景区接待人数约为 62.25 万人次，实现旅游综合收入约为 2627 万元，与 2018 年同比增长 305%、142%，取得了较好的经济与社会效益，并对湄潭茶产业、旅游业以及延伸产业发展，起到积极的推进作用。

贵州永吉印务

永吉印务站上新的起跑线

颁奖词：民营印务企业的典型，文化产业的示范。

 公司成立于1997年，于2007年整体变更为贵州永吉印务股份有限公司，是集卷烟商标、医药、酒类包装等设计、技术开发、印刷为主的大型包装企业。永吉股份通过不断努力，帮助省内的特色商品生产企业设计、印制更加富有贵州文化特色的产品包装，突出展现贵州特色商品的品牌影响力，助推贵州经济社会又好又快发展。永吉股份"不忘初心，努力振兴民族印刷业"，是贵州省民营经济百强企业、省文化产业示范基地，2016年12月成功在上交所上市。

1997年3月，当年注册资本1.897亿元，专业从事卷烟、酒盒、医药、精密仪器等商品包装的设计、印刷和特种后加工处理的大型彩印企业———贵州永吉印务公司在云岩区成立。2006年，由5家民营印刷企业经资源整合，成立了新的永吉印务公司；10年后做成年产值3.5亿元（不含税），上缴税收近5000万元的大企业，竖起了贵州印刷行业的标杆。

记者走进这家公司，探索他们20多年来的企业发展轨迹，寻求这家企业发展中带来的诸多启示。

国内首条最好设备"落户"云岩

"明年，是永吉股份成立 23 周年，也是永吉股份上市 4 周年！"在贵州永吉印务股份有限公司干了十多个年头的办公室负责人赵先生说道。

他说，以前一本精美彩色画册、一个中高档的产品包装盒，都要依托东部沿海地区印刷，增加时间成本的同时，物流等相关成本也在增加。而通过各种依托，给外界留下了贵州印刷行业滞后的烙印。

当时，散乱经营的小印刷业只能生产简单包装。如遇上有对印刷产品高标准高质量要求的客户，就不得不向东部沿海地区求援。在东部沿海地区印刷业突飞猛进的时候，贵州印刷企业固守着散乱的产业经营模式，于是贵州印刷业开始思考下一步的发展方向：是抱团发展，还是各自为政，被人甩在后面？

10 年前，在云岩区的协调、帮助下，由 5 家涵盖医药、卷烟等包装盒印刷的贵阳印刷企业，发起了第一次整合——行业内的企业重组。随后一年间，贵州永吉印务紧接着又开始了一次资源深度整合，包括在省内声名鹊起的益康制药在内，又有数家制药企业加盟，通过新一轮的整合（股份制改造），永吉印务的股东（发起人）达到 9 个。在业内人士看来，贵州永吉印务第一次因行业的无奈整合，第二次则体现出永吉印务公司股东长远的战略眼光，力求在当时地处交通等不便的贵州，来一场轰轰烈烈的印刷产业突破，来一场深层次的印刷产业文化变革。

据永吉印务公司的一些老员工回忆，第二次整合正逢永吉印务公司成立十周年，所有股东和员工欣喜若狂，希望通过深度整合站在更高的起点上，走向新一轮的发展。

就这一年，一款从意大利引进、高十余米长约几十米的凹印生产线在永吉印务安装并开始运营。时任永吉印务公司法人、董事长邓维加回忆称，这条凹印生产线当时是世界印刷行业的顶级设备，单套设备就价值5000万元。这种设备最大的特点就是可以同时开印10种颜色，极大提高了生产效率且印刷效果完美、印刷精度高；那时候国内引进的此类生产线不足10条。据当时负责设备安装的意大利技术专家回忆，当年欧元的印刷也是采用该型设备。

企业整合树立起行业的标杆

随后的时间里，抱团发展的永吉印务逐渐尝到了甜头，走出了贵州印刷产业各自为政而面临毁灭的阴影。

在永吉人看来，当初企业的拓展，是出于以企业的强大来主推产业的扩大，产业兴则企业兴。在他们的记忆中，永吉印务需要做强做大，就需要更多的优良资产、更多的优势企业加盟，也正因如此，当年的益康制药入股永吉可以说是一拍即合，水到渠成。

永吉印务公司相关负责人回忆称，当初的几大股东愿意作为永吉印务的业务合作伙伴，正是看好了永吉的产业目标，永吉人是在做一个产业，而不仅仅是一个企业，这样的价值取向与几个不谋而合的股东，携手主推云岩区乃至贵州整个印刷产业的发展，从而在发展中使得自身受益。一如当年合作者之一的益康制药那样，通过联手永吉印务，做强自身产业链的同时，让自己在产业发展的大道上走得轻松而坦然。

整合，对于当初的永吉及几大股东而言，无疑就是一种可以产生巨大能量裂变的催化剂，在浩瀚的产业环境中，获得精神和物质的裂变，最终成为区域文化或整个行业文化中不可或缺的一部分。"大家原本都是飞不高的麻雀，通过资源整合，一下子就变成了志存高远的凤凰。"整合当初，邓维加董事长就成竹在胸，一路走向今天的资本市场，向更为高远的目标迈进。

2008年，其完成股份制改造，由此成为贵州省内最大的印刷企业，开创了贵州民营企业合作发展的新模式，被商界誉为"永吉模式"。

一个小烟盒背后的企业文化

如果你拿到一盒精致包装的香烟，首先会想到这印有贵州元素的香烟盒来自厂商。而很少有人会认为，这些印有黄果树大瀑布、遵义会址等的烟盒，出自今天的永吉印务。

"黄果树大瀑布、遵义会议会址都印刷得极为精致，外省人买了贵州的香烟，首先会对黄果树大瀑布、遵义会议会址等人文景点产生向往！"市民周先生表示，"抽了这么多年的香烟，哪个晓得这个烟盒是另外一家公司生产的嘛！"

我们相信像周先生这样的人不在少数，更多的市民不会去因为一个烟盒联想到一家印务公司。然而，这样的一家印务公司，对诸多不知情的市民而言，却担当起传播贵州文化元素的社会责任，一守就是20余年。

与此同时，永吉印务通过20余年的坚守，紧紧地融合在贵州经济发展的大环境中，将省内高附加值链条有效地进行延伸，不仅进一步延伸了贵州烟草工业在本土的产业链，还促进了本土企业实现又好又快的发展。业内人士表示，无论从中烟产业链的延伸，还是贵州医疗大健康产业链条的延伸上，或在其他产业上，"永吉模式"值得诸多的省内产业、企业去借鉴和推广。

截至 2015 年底，永吉印务累计实现卷烟商标印刷产值 29.5 亿元，上缴税收 5 亿余元；为大中专毕业生、农民工、下岗人员提供就业岗位千余人次，累计缴存社保基金 4500 万元；为地方民营经济的发展做出较大贡献。

"永吉模式"还有崭新的目标

截至目前，永吉印务拥有国际先进的意大利赛鲁迪十色、十一色联动凹印生产线各一条、德国高宝七 +1、八 +1、10 色 +2+（冷烫）胶印机群及日本樱井丝印机、美国柯达印前制版系统、各类印刷后加工设备 70 余台（套），可实现高精度套印、多色叠印、防伪印刷、连机压凹凸、凹印珠光、金银砂、胶印 UV、丝印 UV 等先进印刷工艺，不仅产品品质更趋稳定，产能也得到极大提升，具备国内一流的印刷专业生产能力。

如今的永吉，竖起了贵州省内最大的印刷企业形象，为地方民营经济的发展、为贵州省印刷技术水平的提高做出较大贡献。

同时，永吉印务按照国际标准建立管理体系，不断完善内控制度，提高管理水平，获得了 ISO9001：2015《质量管理体系》、ISO14001：2015《环境管理体系》、ISO45001：2018《职业健康安全管理体系》等多项体系认证；2018 年 12 月，永吉股份实验室通过了中国合格评定国家认可委现场评审，被授予 CNAS 认可资格，注册编号：CNASL11748。公司全面贯彻"持续创新、精益求精、超越自我为顾客"的质量方针，依托科学管理、技术领先的发展理念，为客户提供优质的印刷产品及服务。

记者采访中了解到，历经二十多年的发展，永吉始终坚持以卷烟商标包装的印刷为主营业务（烟标业务产值占公司总产值的 95% 以上），长期为贵州中烟工业公司提供印刷配套服务。公司在立足贵州中烟公司的基础上先后与云南、湖北、川渝等中烟工业公司、贵州茅台酒技开公司及省内数十家制药企业建立了良好的合作关系，为企业奠定了长足发展的动力。源于企业不断向前发展，在助推地方经济社会全面发展的同时，也获得了方方面面的认可。公司历获"贵州省重合同、守信用企业""贵州省非公有制明星企业""贵州省民营经济 100 强企业""贵阳市纳税大户"等多种荣誉称号。2011 年获评"贵阳市生态文明企业"，2012 年被授予"贵州省文化产业示范基地"，2013 年获得"安全生产标准化三级企业"证书；2017 年获颁"贵州省高新技术企业"、同年荣获"贵州省诚信示范企业"称号，2018 年获评"贵州省十佳文化企业""贵州省十佳诚信企业"。2019 年 12 月，根据《贵州省企业技术中心认定管理办法》（黔工信科技〔2019〕7 号），经贵州省工信厅等五部门组织专家评审，认定永吉股份技术中心为贵州省企业技术中心。

2014 年底，永吉印务确定资本化发展战略，正式启动 IPO 上市进程，通过增资扩股，注册资本由原来的 1.897 亿元扩展到现在的 4.19 亿元，总资产达 10.8 亿元。2016 年 12 月 23 日，贵州永吉印务股份有限公司成功登录上海证券交易所主板，成为贵州省首家在主板上市的印刷和文化企业；是贵州印刷行业中唯一的省级文化产业示范企业。

今天的永吉股份，又一次站到了新的起跑线上！

黔东南州九黎苗妹

非遗保护传承与市场拓展花开并蒂

颁奖词：做大做强传统手工产业。

　　黔东南州九黎苗妹工艺品有限公司是一家集银饰、刺绣手工艺品、设计创意产品生产、加工销售及餐饮、购物等多元素为一体的大型综合性企业。本着"打造民族工艺、传承民族文化"的经营理念，致力于民间艺术的发展和推广，着力将"苗妹银饰"打造成一张耀眼的名片。公司是贵州省文化产业示范基地，也是贵州省少数民族传统手工艺保护传承示范基地，拥有员工200余名，签约农户一千余户。公司以苗族文化为创作元素研发出众多民族手工艺产品，既有收藏价值，也有实用价值，深受消费者喜爱。

九黎苗妹发展的历程

在过去，很多老百姓都会自己织布、染布、刺绣、打造银饰……民族工艺品成为一代代的传承。但家庭作坊式的生产，远远发挥不出民族工艺品的价值，也无法让更多的人见识到它的美。

九黎苗妹的出现，打破了这一局限，让民族工艺品逐渐走出黔东南、走向全国、走向世界。

2002年，九黎苗妹的创始人唐胜兰在北京潘家园旅游时，了解到苗族刺绣和银饰贸易行情，触发了把家乡的苗族服饰和银饰拿到北京去卖的念头。

在一位朋友的指点下，唐胜兰开始收购苗族的旧绣衣、绣片、织锦、银饰转卖给别人。但是要实现长远发展，必须利用好家乡传统工艺技术，开发出有创意、实用性，又具有当代审美价值的苗族服饰和银饰产品来，这样才能把苗族服饰和银饰做大、做强、做久。

经过三年多的考察与摸索，2006年7月，苗妹银饰有限公司正式成立，专营苗族服饰和银饰。

2010年，为适应发展需要，公司更名为黔东南州九黎苗妹工艺品有限公司。

起初，公司规模小、生意少。但随着黔东南交通条件的改善，国内外游客不断涌入黔东南，公司也由原来单纯的生产零售改为零售加批发，并不断扩大销售网点和生产规模，产品还是供不应求。

为破解这一难题，他们将周边乡镇的工匠巧手请进公司来发展，也借此带动父老乡亲脱贫致富。

目前，公司直接提供就业岗位 243 个。据统计，自 2014 年以来，公司先后聘用建档立卡贫困群众 83 人，目前还在公司就业的贫困人口 17 人，其中 11 人实现了家庭整体脱贫。预计至 2020 年，公司将实现销售收入 1.2 亿元，实现利税 1200 万元以上，可提供就业岗位 280 个。

2015 年起，公司组建了总经理直接领导的技术中心，建立了企业核心科研队伍，投入大量资金进行技术研发、项目攻关，取得了重大成果。同时，公司还利用自身优势，采取"校企合作＋理论课堂＋基地实训"的教学方式，开设培训班，学员覆盖凯里、黄平、丹寨、剑河、台江等农村。从 2015 年 3 月至今，举办技能培训 12 期，共计培训 680 人次，其中贫困群众 500 人次。通过加大民族工艺技术的传承，促进村民就业，现公司直接缔结的农户达 856 户，辐射黄平、丹寨、台江、剑河、凯里、雷山等县市。

九黎苗妹的发展，见证了民族工艺品从产品到商品到产业的发展演进历程，也带动了一方百姓脱贫致富。

随着州委、州政府关于"工业＋旅游"转型发展政策的实施，民族工艺品的价值得以进一步挖掘，九黎苗妹也实现了升华。2011 年，九黎苗妹在凯里经济开发区征得 20 亩土地，并投资近 8000 万元建设黔东南州苗族银饰苗族刺绣生态博物馆。2014 年 11 月 18 日，黔东南州苗妹非遗博物馆举行开馆仪式，当天接待游客达 1000 人。

2015 年 8 月，苗妹非遗博物馆获得州旅发委颁发的 AAA 级旅游景区，标志着九黎苗妹的转型发展上了新台阶。2017 年，九黎苗妹实现销售收入 4533 万元，利润 359 万元，上缴各种税收 89 万元，发放文化产业扶贫资金 240 万元，惠及 162 户贫困农户。

自 2012 年以来，九黎苗妹先后荣获国务院颁发的"全国团结进步集体"及"贵州省文化产业示范基地""贵州省少数民族传统手工艺保护传承示范基地""贵州省传习所""贵州省农业龙头企业""黔东南州扶贫龙头企业"

等称号。

经过十多年的发展，九黎苗妹逐渐成为展现黔东南民族文化产业的重要窗口，也成为黔东南民族工艺品的一张名片，让黔东南民族工艺品在中国甚至世界绽放光芒。

把爱撒满苗疆大地

公司始终把为人民群众排忧解难的事情放在心上，始终把解决人民群众的疾苦问题看成是天职。2011年3月为贵州省蓑藜书香斋作文益智学校捐款3万元购置课桌、书籍，完善该校教学设备。2011年7月，将拍卖所得的8万余元人民币现场捐赠给凯里市共青团组织，以资助贫困学生。2012年7月11日向雷山县永乐镇乔歪村失学儿童捐赠两万元等，一件件、一桩桩的好事实事，在苗妹银饰有限公司是数也数不清……同时，公司时刻把员工的冷暖放在心上，员工就是自己的家人，与员工是水乳交融的一个整体。为解决员工的养老之忧，2011年苗妹公司拿出10多万元购买员工的"五金"保险。除此之外，当员工遇到特殊的困难，不论是哪个职工，都会慷慨解囊。目前，苗妹银饰有限公司与职工签订劳动合同率为100%，劳动备案率100%，参加社会保险率100%，参加上岗前培训率100%。

俗话说："万人万双手，拖着泰山走。"当你在苗妹公司走一走时，会发现公司与员工之间相互理解，相互关心，已成为一种和谐的公司文化，在这里没有高低之分，只有关心和关怀。

奋斗书写无悔创造

在成绩面前，公司清醒地认识到，企业要发展，要前进，就必须攀登新的高峰。如何扭转公司业务领域狭窄？如何使公司转型升级？如何开拓市场等一系列严肃的问题摆在她的面前。克服历史包袱重、设施不齐全、领域链狭窄、市场竞争激烈等一系列问题时，全体员工一起搏击风急雨骤，谋求发展，自力更生地闯出了一条符合苗妹公司发展之路，走出金融危机困境，走向良好的社会发展和经济效益的大道。目前公司的各类产品，如：镀银首饰、刺绣、民族工艺品以及纯银首饰、装饰等工艺产品，件件产品保证质量，货真价实，且有多项产品获得国家知识产权局颁发的外观设计专利证书，如：《手工纯银花瓶》和《弯形吊坠银饰品》等产品。

公司的发展得到政府各级领导的关怀，先后有前中央纪委书记贺国强、全国政协副主席王钦敏、国家民委副主任丹珠昂奔及农业部、科技部、省州市各部门领导到公司指导工作，对于苗妹银饰发展民族文化产业给予了高度的评价。

为推动企业转型升级，进一步提升企业形象及市场占有率，扎实做好建立现代化管理制度，公司把现代管理制度提上日程，明确任务，细化职责，做到有计划、有目标、有检查、有考核。在工作推进中，每月召开总经理行政会议，总结、部署现代管理建设情况。在建设现代企业制度管理中，全面结合公司内部实际，抓住现代企业制度建立重点，修订和制定简洁、适用、有效管理制度。结合各部门的实际情况确保各项制度管控性、操作性。不定期对员工进行培训，使用现代化管理公司全员覆盖。

2017年把资金、技术、人才、产品集中在一起，开发创新产品，通过打造精品，实施民族品牌战略，将更加丰富黔东南的文化旅游资源，提升文化品位，当前公司开发出 160 个新产品，申请专利达 80 件。

现有职工 243 人，其中管理员 10 人，工艺师 38 人。近年来，勇担社会责任，在做好保护、传承和挖掘民族民间文化的同时，发挥自身优势，积极参与脱贫攻坚工作：一是抓培训促就业（创业）助力脱贫。主要培训银饰加工、刺绣、蜡染等传统技艺和民族工艺品、民族旅游商品设计制作和电子商务等，学员覆盖凯里、黄平、丹寨、剑河、台江等农村。借助凯里市整合杭州市对口帮扶资金、各类培训资金等，每天给予贫困学员 30 元生活补助，并且回购学员产品，贫困学员平均每月有 2000 元左右收入。截至目前，分校已举办培训 24 期，培训群众 850 人次，培训贫困群众 500 人次，吸纳就业 200 余人，并有 18 人自主创业。二是提供就业岗位给力脱贫。公司在招聘人员上，坚持同等条件下优先聘用贫困群众，积极帮助贫困群众通过就业实现脱贫。据统计，自 2014 年以来，公司先后聘用建档立卡贫困群众 83 人，目前还在公司就业的贫困人口 17 人，其中 11 人实现了家庭整体脱贫。

下一步，公司将加大培训力度，"十三五"期间培训农民群众 1000 人，力争帮助 1000 名贫困和低收入人员增收致富；同时，加大就业帮扶力度，帮助更多的贫困群众到公司实现就业脱贫。

为实现"弘扬苗族银饰、刺绣文化，引领乡亲过上幸福生活"，唐胜兰总经理把自己的青春投入到为国家经济发展、为民族伟大复兴的征程中，置身于伟大的改革开放里奋勇直前，为实现贵州中国梦增添强大的色彩，为家乡实现同步小康留下筑梦的印记，将永远地铭刻在人们的心里。

贵州星空影业

植根贵州电影业　闯出产业一片天

颁奖词：体制改革中诞生，市场竞争中屹立。

　　9年，52家影城，170块银幕，1.5万个座位，待建影城17座，星空影业筚路蓝缕，在贵州本土耕耘出了一块自己的电影天地，成为省内电影行业体量最大的龙头企业。未来5年，星空影业将围绕"立足贵州，放眼全国"的布局，继续开疆拓土，为人们实现对美好生活的追求与向往而一如既往地快马加鞭。

　　贵州星空影业有限公司，是贵州广电传媒集团有限公司旗下省管大二型国有文化企业、省内唯一的本土国有电影放映企业，全资子公司贵州星空电影院线有限公司是我省唯一的电影院线公司，唯一一家取得中国电影发行放映协会理事单位资质的省内电影企业。星空影业由贵州广电传媒集团、贵州省广播电视信息网络股份有限公司、贵州省多彩贵州文化产业发展中心等10家股东共同投资成立。

　　星空影业始终遵循"把社会效益放在首位、实现社会效益和经济效益相统一"的原则，充分发挥国有企业的社会担当和责任意识，将推动贵州省电影事业和电影产业的发展作为己任，促进贵州文化软实力的提升，进而支撑贵州经济社会"硬实力"发展。星空人秉承"创新、进取、诚信、责任"的文化理念，通过"立足贵州，放眼全国"的发展战略，不断增强自身活力和影响力，达到做强星空实力、做优星空品质、做大星空规模的目标，创造星空辉煌。

面向全国：拓展巨幕影城市场

走进星空观山湖区双巨幕影城，简洁的现代风格设计营造出独特的质感。影厅内装有全套电影设备，在可升降的银幕背后，配备了点唱系统。"这里甚至能唱 KTV，全新的 VIP 厅是我们的特色之一，既兼顾私密性和舒适性，也增加了更多娱乐功能。"星空观山湖区双巨幕影城负责人介绍。

这既是贵州首家双巨幕影城，又是贵州唯一国有电影放映企业——贵州星空影业有限公司建成的第 57 家店。"星空影院县级覆盖"作为贵州省重点文化产业新增项目之一，在日前结束的全省文化产业项目观摩会上，受到与会人员好评。

自 2010 年 6 月 30 日星空第一家直营影城在六盘水落户，正式拉开了星空影业植根贵州电影业的帷幕；2014 年 1 月 8 日，星空第一家加盟影城落户沿河，星空的发展有了更加广阔的平台；2015 年 4 月 27 日，贵州星空电影院线公司挂牌成立，这是全国 48 条电影院线之一，也是贵州唯一一家数字电影院线，填补了贵州电影产业的空白。2016 年 8 月 12 日，星空第一家巨幕影城——星空保利温泉巨幕影城开业，引领着贵州电影放映行业技术升级、品质升级。2017 年 1 月 21 日，星空首个跨省直营影城——湖南娄底星空新天地影城正式开业运营，为"布局全国"迈出了第一步。

截至 2018 年底，星空公司建成并投入运营的影院数量达到 53 家，银幕数超过 200 块，座位数超过 1.6 万个，已覆盖我省 60% 以上的城市。目前，星空影业又在贵阳市、清镇市、安龙县、锦屏县等地相继开业 5 家门店，立足贵州，面向全国，积极拓展电影文化市场。

星级服务：特色细致满堂彩

2017 年 8 月 1 日，星空荣膺"首届贵阳企业服务商 50 强"揭牌仪式在星空恒峰影城举行。

此次评选由痛客梦工厂主办，旨在从服务能力、市场影响力、创新能力和用户人气等方面，优选全市范围内的企业服务商，为企业用户提供简单快捷有效的决策支撑。该评选活动自 6 月 12 日开始报名征集，包括星空影业在内的 334 家参评服务商入围大众评审环节。大众评审采取网络投票方式，星空票数一路遥遥领先，顺利入围专家评审环节。专家评委根据服务能力、市场影响力、创新能力 3 大一级指标和企业资质、营收能力、品牌影响力等 7 项二级指标进行打分。最终，综合大众评审得分和专家评审得分，星空进入 50 强。

据了解，作为贵州本土第一家电影院线公司，星空一直围绕"观影服务、接待服务、候影服务、卖品服务"等四个方面，打造星空的优质服务理念，为客户、为观众提供更优质的服务和更完美的体验。观影服务是基础，星空公司通过不断引进国际上最先进激光放映机、杜比全景声、中国巨幕等视听设备和放映设备，力求给观众提供最专业的观影效果和视觉享受。同时，增加了星空 APP、微信公众号等自有线上售票渠道，让观众享受最优质的购票体验。

接待服务是保障，通过定期培训使影城工作人员掌握服务礼仪，力求在接待观众时做到热情周到、耐心细致、规范有序。影城 VIP 厅提供毛毯，影城内设存包柜，部分影城更设有存衣柜……星空提供的不仅仅是规范化服务，更是细节化服务；候影服务是品质，星空为旗下影城投入了 WIFI 设备，同时，增设了 VR、娃娃机等娱乐设施，让观众的候影时间可以更轻松愉悦；卖品服务是完善，星空除提供传统的爆米花可乐外，还推出了"猫耳朵"、妙脆角、小米锅巴等特色零食，并根据季节不同提供冰粥、八宝粥等时令小吃，观众甚至不用到柜台购买，因为会有工作人员推着小推车"上门"服务。

星空着力于优化服务中的每一个细节，让每一位选择来星空的观众都能感受到至诚、至精的服务，在公司发展中，坚持"三三原则"：做美好产业、创美好作品、塑美好生活；"三匠精神"工匠、巨匠、意匠；"三合理念"合而协作、合而共生、合而成全。锐意改革积极进取，进行互联网＋时代的影视产业创新发展。

围绕主题：银幕圈的"合唱"

2017 年 7 月 28 日，献礼建军 90 周年历史题材电影《建军大业》上映第二天，星空影业首创的"电影党课"活动也如期举行。

放映前有辅导报告，报告后有电影再现人物事迹，将观看主旋律影片与党组织活动相结合，这种鲜活的模式通过星空影城辐射到各个基层党组织和社会各界。截至 2018 年底，各市州众多政府机关、企事业单位团购包场，主旋律影片放映场次合计 24145 场，观影人次达 85.68 万，星空影业承担起用文化产品育人的社会责任。

党课火热开展，公益活动也从未间断。星空观山湖区双巨幕影城开业不久，就组织了一场党员、退伍军人、空巢老人观看爱国主义电影的活动，会展社区新景界居委会组织了近 20 位居民参与观影。

过去几年，星空影城积极建设"书香影城"，还举办书法比赛、绘画比赛、VR 竞技比赛等，力图打造凸显公益化、社交化属性。罗位说："影院社区化的趋势越来越明显，在竞争愈发激烈的今天，硬件设施固然重要，但想突出重围，更需要在优质服务上下功夫。"2018 年，贵州影视创作呈现出井喷之势，《出山记》《文朝荣》《海龙囤》等影片相继上映，而他们背后的主控发行方则是星空影业。同时，星空影业也参与了电影《天使的声音》《天渠》的联合发行，这些电影无论是在口碑上还是票房上都取得了优秀成绩。

此外，为了扩大和培育艺术电影市场，2016 年，星空恒峰影城、星空金阳影城相继加入了全国艺术电影放映联盟，对于艺术电影的关注，促进了电影市场多元化，为本身喜爱观看艺术电影的观众群体提供了更多选择权。

"2018 贵州省文化产业十佳企业"称号、"省直机关 2015—2017 年度学习型党组织"称号、贵州省文化产业示范基地、省直机关文明窗口、新时代职工讲习所……荣誉背后，是一个贵州企业的奋进和责任，是本土文化阵地的建设与坚守。拥有一块属于贵州的电影天地，不仅在经济发展上带来极大促进，在对外传播贵州故事方面也提供了坚实可靠的文化条件。

淘手游

贵州小伙"制造"的全国最大手游账号交易平台

颁奖词：共享网络红利。

以创业者的开拓精神和创新精神为基础，用心服务，客户至上。致力于发展虚拟资产业务，打造全球虚拟产业生态圈，涵盖虚拟资产交易、虚拟资产托管等业务。经过 4 年的发展平台月交易额突破 8000 万元，年交易额达十几亿元，是国内最受欢迎的手游第三方服务平台，账号交易量、库存量居全国第一。

贵州指趣网络科技有限公司成立于 2014 年 1 月，致力于发展虚拟资产业务，打造全球虚拟产业生态圈，涵盖虚拟资产交易、虚拟资产托管等业务。2017 年交易额达 8 亿元，是国内最受欢迎的手游第三方服务平台，账号交易量、库存量居全国第一。

采访贵州指趣网络科技有限公司 CEO、淘手游创始人杨鹏前，记者做了一次相关资料搜集。在百度搜索中输入"杨鹏"和"淘手游"，相关结果约有 1200 个，不少是来自媒体的报道。曾采访过杨鹏的媒体，包括新浪游戏、腾讯游戏等互联网内专业游戏媒体，中间人也曾介绍，杨鹏是一个健谈的人。

一个有受访经验、能说会道的采访对象，确实能让采访变得轻松愉快，但"郁闷"仍然存在。

采访就是刨根究底，一不小心触及的，就是杨鹏及淘手游的商业机密。杨鹏要么不说，要么说得模棱两可，最后告诉你，"别写"。当然，这样的守口如瓶，不无道理。

由杨鹏一手打造的淘手游，虽已是全国最大的手游账号交易平台——2019年，淘手游交易额预计将在 12 个亿以上。但在这个瞬息万变的互联网世界，要从贵州走向全国、坐稳全国第一的交椅，杨鹏确实不得不步步为营。

<hr>

最贵手游账号卖出48000元

什么是"手游账号交易平台"？如果不好理解，大可把它想象为手机游戏界的淘宝网。淘手游，就是一个供玩家买卖手机游戏账号的平台。

一走进杨鹏位于黔西南州兴义市的公司总部，就像置身于一个大网吧。近 2000 平方米的办公室里，摆放着近 30 排电脑。每台电脑前坐着一个工作人员，头上戴着耳机，手指噼里啪啦在键盘上飞快地敲着字。电脑屏幕上的网页，不断被打开、刷新。另外一间办公室里，则摆放着 4000 多台平板电脑，它们是淘手游的"宣传员"。电脑上挂着各种时下流行的手游，每隔几秒钟或几分钟，顶着公司名的游戏人物就会朝游戏世界"喊话"，告诉玩家们，有个叫"淘手游"的平台可以买卖游戏账号。

汤玲是淘手游客服部主管，带着 30 多名客服，三班倒，全天候负责手游账号的售前咨询。在公司五年零七个月，汤玲算是"开朝元老"之列。新来的客服看到有人花几千块买一个手游账号，还会比较惊讶，时间久了，就已习惯。

现在，公司每天的交易额约在 90 万元左右，日接单量近千，70% 客单价都在千元以上。

平台创立两年多，在淘手游卖出的价位最贵的账号，来自一款名叫"我是火影"的手机游戏。前任玩家在这个账号上充值了 230 万元，而后任玩家，用 48000 元将其收入囊中。

网游少年的"逆袭"

在一个游戏账号上花费上千元甚至上百万，这在普通人眼里不可思议。但在游戏世界，一切皆有可能。

"在游戏里充值，本就是冲动型消费。"这是杨鹏的切身体会。在淘手游之前，杨鹏跟游戏行业已经打了十多年交道。他从 16 岁开始玩网游，是个十足的网游少年，但他也是游戏世界里的第一批掘金人。

2000 年在大学读书时，杨鹏团结了宿舍的舍友，一块儿打端游里的高级装备。打出来的装备就拿来卖钱，最多的一个月，他们卖了 8000 元。那时候的装备买卖都是私下交易，还没有如今的正规平台。

对学习不上心，又实在太爱游戏，杨鹏索性休学，专心致志倒腾起了这行。2003 年，杨鹏开了一家游戏服务器出租公司；2007 年至 2011 年，又转行做端游的渠道分发；2011 年，又做了游戏联运公司，代理 11 款游戏产品，年净利润最高达 2000 多万。

杨鹏说："我干其他事不行，干这个，每天 15 个小时都不是问题。"2013 年，杨鹏开办了一个手游玩家的交流论坛，发现有不少玩家在论坛里买卖手游账号。依靠多年游戏人的直觉，杨鹏迅速找到了一个新产业的切入点——一个专业的手游账号交易平台。同年 10 月，杨鹏的贵州指趣网络科技有限公司正式成立，淘手游平台也正式上线，并成为贵州省唯一一家获得贵州省文化厅批准拥有虚拟货币发行及交易资质的企业。

2.7%手游账号交易用户来自贵州

除了贵州总公司，杨鹏在北京还有两个分公司。一家主要做技术研发，旗下员工来自百度、360、京东、腾讯等，保证支付、购买等各个环节的技术安全。另外一家做市场运营，主要是和游戏公司对接。除了手游账号交易，淘手游另外一块服务业态，就是做游戏充值等服务。

这两年多时间里，杨鹏多半北京、贵州两头跑。根据淘手游大数据分析显示，买卖手游账号的用户，82%是男性，女性只占18%；交易量从高到低排列，前五依次是广东、深圳、江苏、浙江、北京。贵州手游注册用户只占总数3%左右，只有2.7%用户，有过交易行为。不过，账号成交价普遍不高，均在几十、几百元以内，上千元的就更少。

贵州显然不是手游玩家大省，但为什么淘手游要在贵州、在黔西南呢？

"人力成本低，是贵州发展劳动密集型互联网产业最大的优势。"杨鹏分析，贵州总公司主要做客服和游戏推广，没有太高的技术门槛，在当地好招工。去年，杨鹏在业内的竞争对手还有3家，现在有两家已经Game Over。就因为一个开在北京，一个开在广州，光普通工作人员的工资开支，就至少是贵州的3倍。两家公司都是被过高的经济成本"亏死的"。

今年，杨鹏的主要目标是推动"游戏合伙人孵化计划"顺利进行。这个计划主要面向当地大学生、返乡农民工等群体，招募游戏推广团队。在提升淘手游充值服务市场占有率的同时，预计将孵化100个微型企业，带动就业人口800至1000人。目前，该计划已有30个团队加入，60%的团队已能实现创收。

"当然，光我一个企业努力是不够的，希望这个计划也能得到当地政府政策、资金方面的支持。"杨鹏说。

人物：不做马云的"西南悍匪"特写

杨鹏的公司里，目前有员工 300 多名，平均年龄只有 20 岁左右，年龄最小的刚满 18 岁，比 1983 年出生的杨鹏小了一轮有余。

国内一家视频类手机游戏媒体在采访杨鹏时，曾将他形容为"从西南一路厮杀而来的圈内悍匪"。杨鹏很满意这个形容，他告诉记者，创业初期做每个决策不超过 3 分钟，现在公司大了，一个决定，他至少要思考半个小时。"匪气，其实说的是打法要狠、要快，在同样的时间段内，谁最快做出决定，谁就是赢家。"杨鹏说。

采访进行到一半，摄影记者请杨鹏在公司内配合拍照。他对着镜头，双眉紧锁、表情严肃。摄影记者开玩笑说，"杀气太重了"，他被逗笑，面部表情才逐渐放松下来。

预计在 2020 年，杨鹏的贵州指趣网络科技有限公司将启动上市计划。一旦上市，它有可能成为中国虚拟物品（游戏）交易行业的第一股。

10 年以后的淘手游，将是什么样？

谈到这个问题时，杨鹏自信地说："就布局呗！"也许不局限于交易业务，甚至围绕手机游戏领域做游戏的研发。毕竟，手握大数据资源，淘手游已是行业内游戏厂商首选的合作伙伴。

纵使淘手游是手游界里的"淘宝网"，杨鹏却志不在成为马云。他最终的梦想只是：有个事业，照顾家庭，回馈家乡。这是一个"西南悍匪"的铁血柔情。

数据：投资年成交额超过两亿元，获天使投资人投资千万

2015 年 2 月 3 日，CNNIC（中国互联网信息中心）发布了《第 35 次中国互联网发展统计报告》。报告显示，截至 2014 年 12 月，中国手机网络游戏用户规模为 2.48 亿。而同样来自 CNNIC 的报告数据显示，2015 年上半年，国内手机游戏用户的付费率，由去年的 27.8% 提升至 46.6%，增长了 18.8%。

2016 年 1 月 18 日，易观智库报告数据显示，2015 年中国移动游戏市场规模达到 541.8 亿元，同比增长 84.6%。

来自国内各个研究机构的数据虽然纷杂繁多，但传递给杨鹏的信息完全一致：手游市场，潜力无穷。

事实证明，确实如此。

淘手游平台上线第一个月，交易额为 16 万，而后便以每月 20% 左右的增长率递增。手游账号在平台的七日售出率为 49.1%，而这样的交易规模，还只建立在 3% 的市场渗透率上。

短短一年多时间，淘手游的手游账号类交易量就跃居全国第一，年成交额超过两亿元。目前，淘手游涉足的手机游戏已有 1000 多款。

蒸蒸日上的淘手游，获得了多家投资机构的青睐。5 年时间，至今已有 20 多家投资机构找杨鹏谈合作，最终获得小米董事长雷军领衔的"极客帮创投"、赛伯乐等 7 家机构共给淘手游注入资金上亿元。

贵州省文化产业

十佳品牌篇

中国天眼

深邃与光芒

颁奖词：依托国家级项目，建文化科技旅游目的地。

从构想到落成，经历了 22 年的漫长岁月。围绕"天文科普教育基地、国际天文文化体验区、地质生态旅游创新示范区、区域性旅游集散中心、国际天文旅游小镇"五大目标，建设集天文科普、宇宙探秘、旅游度假、文化交流为一体的国际射电天文旅游目的地。已建成文化园访客中心、平塘国际天文体验馆、天幕商业街、天文时空塔、喀斯特生态公园、球幕飞行影院、中国天眼迎宾馆等一系列项目，是我省推动天文科普教育＋天文文化体验与生态旅游＋文化交流与文化创意等多体融合发展的文化旅游目的地。

中国天眼品牌，吸引着人们眼球

2016 年，美国天文学界感到了来自东方的神秘力量，由于经费不足，世界上最大的射电望远镜阿雷西博望远镜可能关闭，而在神秘东方，9 月 25 日，被称为"天眼"500 米口径球面射电望远镜（FAST）在中国贵州平塘县大窝凼落成启用。

从此后，宇宙观测的接力棒将交到中国手中。

首先选址好，贵州俗称"地无三尺平"，喀斯特地形闻名世界，遍地是坑，而大窝凼的地貌最接近 FAST 的造型，吻合 FAST 项目的具体要求。作为"天下第一锅"，最怕的就是下雨，而喀斯特地形就是一天然漏斗，天上下雨地下漏，再加上人工设置的排水系统，雨水根本就不是问题。贵州人口稀少，FAST 方圆十里之内没有人烟，这是天然的无线电静默。当然，喀斯特地形也有风化严重，山体滑坡的严重倾向，但这点问题对于"基建狂魔"中国来说也太容易解决了。

其次，设计思路先进，之前第一，现在第二的阿雷西博望远镜的球面是固定的，射进来的电磁波，只能在球面的聚焦处才能由馈源接收，而电磁波又很任性，想怎么来就怎么来，没奈何，阿雷西博望远镜只好升级为穹屋状的馈源，通过复杂的光路，将焦线间接聚为焦点接收。而 FAST 则没有这个担忧，因为 FAST 是可以动的，在 FAST 的球面下，有一套精巧的促动器系统，可以拉动支撑索网，调整反射面板，让 500 米直径的球面各处，都可以局部变形为 300 米直径的抛面。

还有就是灵敏度高，比阿雷西博望远镜综合能力高十倍，打个比方，就是在月球上打个电话，FAST 也能监测到。

平塘天文科普文化园（以下简称文化园）位于贵州省黔南州平塘县克度镇航龙村，规划面积 3 平方公里，距中国天眼（FAST）直线距离 6 公里，是《FAST 项目贵州省配套设施建设总体规划》中的旅游专项规划项目，也是贵州省"十大文化产业园"之一。　文化园按照城市综合体和国家 5A 级景区建设标准，突出天文科考主题特色，围绕"天文科普教育基地、国际天文文化体验区、地质生态旅游创新示范区、区域性旅游集散中心、国际天文旅游小镇"五大目标，建设集天文科普、宇宙探秘、旅游度假、文化交流为一体的国际射电天文旅游目的地。现建成了文化园访客中心、平塘国际天文体验馆、天幕商业街、天文时空塔、喀斯特生态公园、球幕飞行影院、中国天眼迎宾馆、星辰天缘大酒店等一系列项目。据统计，两年来，平塘天文小镇对来自全国近 90 万人次进行了有效的天文科学知识普及。截至 2018 年 8 月，天文科普文化园共接待研学团队 1662 批次，共计 103150 人次。

今年暑假，全国有 500 多批次的中小学生团队到天文小镇开展暑期研学，接受天文科普知识教育。

2017 年上半年，贵州平塘县的旅游观光收入就达 46 亿，而 FAST 的建造成本也才不到 7 亿，这就是中国天眼品牌吸引人们"眼球"的效益。全于其应用价值与重要意义，因射电望远镜发现的宇宙微波背景、脉冲星都分别已经获得了两次诺贝尔物理学奖。

中国天眼之光，照耀辽阔天地

2016 年 9 月 FAST 落成启用，被习近平总书记誉为"中国天眼"。中国天眼科普基地正式对外开放参观。文化园突出天文科考主题特色，建设了集天文科普，宇宙探秘，旅游度假，文化交流为一体的重点产业集群，形成了"一核"：星云旋动天文文化活动核。以旋涡星系广场为特色生态景观内核、公共活动中心。"两轴"：天文大道天文公共空间轴；由门户节点，星空大道，银河观景台，天文时光塔，PAST1/20 展示模型及射电博物馆组成的天文公共空间轴，是整个景区的中心景观轴线。银河映像星际主题景观轴；依托霸王河滨水岸线，并融入天文星空系列主题建设的带状星空主题公园。"三区"：宇宙探秘天文科普体验区，以射电天文为核心依托，突出天文主题文化，开展主题型天文科普体验活动，形成了以天文科普体验融合文化主题体验为主的游乐体验区，与 FAST 台站，天坑群，无线电静默生存体验区等区域核心文化旅游吸引点相应呼应的特色文化游园。太平驿站天文综合服务区，满足 FAST 台站和天坑群等在内的大射电旅游区游客的需求。星际别苑天文养生度假区，与特色小镇的形式，做活霸王河水景，建设融旅居定制，康疗养生，深度休闲为主的星居部落，智慧养生，旅游度假区域。中国天眼科普基地为国家 4A 级旅游科普基地；教育部第一批全国中小学生研学实践教育基地等。2018 年 4 月 28 日，贵阳、平塘同时开通到中国天眼科普基地的旅游专线直通公交车，形成平塘天眼文化创意"五意系统工程"：

第一是议论的议，世界第一的中国天眼蕴含唯一性，科学性、知识性、引起旅游议论，吸引眼球，可充分发挥，平塘的社会资源整体优势。第二是差异的异，唯我独有，个性创意，有鲜明的平塘天眼特质，吸引游客中的不同群体来体验、探秘。第三是艺术的艺，2017 年，原国家旅游局，中国科学院发布首批中国十大科技旅游基地，五百米口径球面射电望远镜位列榜首。有好看的东西，勾人魂魄震撼的天文设备奇观。第四是回忆的忆，来看一趟中国天眼会终生难忘。第五是利益的益，中国天眼效应实现了社会效益，经济效益的双丰收。在工作中借力中国天眼，激活天文特色文化旅游产业链，根据平塘天文科普文化园特质，利用先进营销手段，擦亮贵州省十大文化产业园品牌。一是卖什么。推出了精品游、尊享游、基础游、三种套餐，拉动天象影院、FASI模拟操控体验、球幕飞行影院等体验项目销售增长。二是怎么卖。扩大专业旅行社的分销力度，精选泛珠三角长三角城市群和北部湾经济区重点客源市场，围绕港澳台、东南亚、新加坡、韩国等为主的客源地旅行社作为长期合作伙伴，确保客源主渠道畅通、倍增，扩大文化旅游业内的影响力、辐射力。三是卖给谁。针对青少年群体对天文科普知识的学习体验需求，结合老年市场夕阳红团队的大量涌入市场，深度整合提升周边旅游资源的联合度与自我的特色产品吸引力，大力推广独特个性化的可定制的高端科普旅游产品，观天探地研学产品等。四是在哪里买。加强与高科技网络旅游推广公司深度合作，借力携程、驴妈妈、途牛等网络平台推广。积极参加国内外旅游推荐博览会，高峰论坛，产业发展大会等，扩大科普产业园的知名度。在工作中，强化文化旅游、科普旅游、乡村旅游等业态和主体市场培育，丰富旅游体验品种、深度，形成园区差异化核心竞争力。发掘以天文知识为主题的科普文化内涵，打造天文旅游特色品牌，形成了以天文科普旅游业态为主，多种旅游业态齐头并进的格局，满足不同游客的需求，激发市场的潜在活力。

中国天眼特质，助推产业化扶贫

　　平塘县克度镇农家乐负责人许明红说道："农家乐的菜基本上都是当地菜，它是新鲜材料，它不是像饭店一样从别的地方运输，农家乐主要是做当地菜，以当地菜为主所以称为农家乐。"

　　2016年，看准天眼带来的人流，许明红用在外打工多年的积蓄，在克度镇航龙村开起了农家乐，随着人流量越来越大，许明红的生意也越做越好。今年，许明红又在附近重新租了1000多平方米的楼房开农家乐。

许明红说："天眼的发展肯定会带动旅游行业，旅游行业可以带动当地经济，我们做餐饮的就有前景，像这两个月旺季平均每天有30桌左右，有可能挣七八千、一万左右。员工目前有14个，每个月的工资（开销）是三万多，客人在我家吃饭，要满意，要高兴，吃过饭以后，感觉用这个价格，来这里消费高兴舒服。"现在，许明红已经和100多家旅行社进行合作，早餐、午餐都订在饭馆里。

数据显示，仅截至2018年底，克度镇已经发展了餐馆288家，酒店137家，休闲娱乐设施11家，为很多贫困群众提供了就业岗位。大量访客的到来，带动克度镇服务行业兴起的同时，一些产业也随之发展起来。

2017年以来，先进村在克度镇先行先试，充分利用自然条件和靠近"中国天眼"的优势，发展百香果产业。种植当年，每亩的产量就达到了700多斤，每亩产值近4000元。截至2020年5月，全村百香果种植已达到1000亩，实现全村164户贫困户全覆盖。预计2020年收入可达250万元，让300多户村民从务工、产业分红和土地流转中获益，真正实现产业增效、农民增收。

如今，每当百香果即将成熟之时，基地都能提前接到了来自广东、浙江等地的大量订单。除了线下预定以外，线上销售也十分火爆。通过百香果产业的带动，先进村实现了产业革命的调整，打造了先进村百香果品牌，群众得到实惠的同时，思想也发生了巨大转变，大伙对产业发展的信心越来越足，实现了产业增效、农民增收。

"下一步，再扩大规模的基础上，还想往农旅结合的发展方向转变，尽量吸引到中国天眼的访客，往我们山上走，到山上体验我们的农村文化，体验我们的农耕文化，让我们村里面借势中国天眼，实现更好的发展，让我们的贫困户有个稳定脱贫致富的门路。"平塘县克度镇先进村脱贫攻坚网格长冉林对笔者说道。

目前，克度镇的百香果面积已经发展到了 2000 多亩，辐射全镇 7 个村，惠及贫困户 622 户 2800 人。除了百香果以外，克度镇还依托天眼，结合实际、认真谋划，发展了梅花鹿、草莓、茶叶、桃子等一批种养殖业项目以及藤编等特色旅游产品，有效推动了"后备厢经济"发展。大大促进了当地产业发展的同时，也实现了助农增收，为当地群众脱贫致富助力。

平塘县克度镇党委副书记、镇长韦志敏介绍，"下一步，我们将主动作为，大力实施产业扶贫和乡村振兴战略，结合克度的实际，壮大一批我们已有的产业，引进一些适合我们本地发展的产业，依托中国天眼，让中国天眼的红利，惠及我们克度镇的广大人民群众，助推脱贫攻坚取得更大的成效。我们紧紧围绕保护中国天眼这一发展要务，在保护中发展，在发展中保护这一理念，结合实际适度发展我们一些种养殖业，和我们当地的一些手工业，这样来推动和引导群众，自谋发展之路，激发他们的内生动力，与全国，全省，全州，全县一起实现同步小康"。

多彩贵州

颁奖词：走遍大地神州、醉美多彩贵州。

　　为树立贵州对外新形象，2005年，贵州省委、省政府决定打造多彩贵州品牌，使之成为全方位代表贵州政治、经济、社会、生态、文化的综合形象品牌，并推动其实现商标注册，组建集团打造产业品牌。经过十余年努力，多彩贵州品牌已形成包括50余家企业，涵盖文创、网络、地产、旅游、演艺、航空、体育、生态、农特等十多个领域的产业集群，初步走出一条以产权为基础、以文化为特色、以创新为动力、以业态为支撑、以输出为目的的品牌发展新路。

　　多彩贵州品牌是贵州省委、省政府为树立贵州对外新形象，牢牢把握贵州文化资源的竞争力优势进行顶层设计，以大视野、大手笔实施品牌战略，组织省内外专家精心谋划、深入调研，以多彩贵州为贵州总体形象定位，展示贵州文化特色，彰显贵州文化魅力，引领经济社会发展。

多彩贵州品牌从一场歌舞崛起，厚植在贵山贵山贵景沃土中。仅用了10多年的时间，贵州的形象因为它变得更加靓丽，贵州的全面发展因它变得更有内涵。

创新一小步，发展一大步。多彩贵州品牌，在攻克"无形转有形"难关后，快速向"有形寓无形"课题集体攻关。多彩贵州民俗酒店等特色项目因此而兴，多彩贵州水等特色企业横空出世，一阵从贵州吹来的多彩之风，正刮向四方。

从一场歌舞开始

"会走路就会跳舞，会说话就会唱歌，会喝水就会喝酒……"山水风光绝美的贵州，三里不同俗，百里不同音，其得天独厚的自然资源禀赋和民族风情，让这片神奇的土地处处彰显着多彩的魅力。时光倒流到2005年，在贵州"党政推动、市场运作、社会参与、媒体搭台、旅游文化唱戏"的运作机制下，"黄果树杯"首届多彩贵州歌唱大赛先声夺人。与此同时，以旅游市场为导向的大型民族歌舞

《多彩贵州风》顺势而出。2006年央视"青歌赛"场上，《侗族大歌》旗开得胜，《蝉之歌》一唱而红。而当主持人在亿万观众前一次次高密度重复"贵州"时，这种传播价值远远超越了奖牌本身。

既然有这么多原汁原味的好声音、好舞蹈、好故事、好民俗，何不向外界彰显贵州的多彩新形象呢？于是，由贵州省委宣传部牵头协调，各级宣传部门、文化部门、媒体以及旅游部门协同作战的"多彩贵州"系列主题大赛相继展开。

截至目前，《多彩贵州风》持续演出近 4000 场，观众达数百万人次，不仅先后到美国、加拿大、俄罗斯、英国等多个国家巡演，还被国家文化部定为"优秀出口文化产品和服务项目"，2010 年，荣登《国家文化旅游重点项目名录》。加拿大总理哈珀、英国前首相布莱尔誉为"全球最生态的歌舞演出之一"。

好风凭借力，扬帆奋力行。多彩贵州之所能成为人们熟知的品牌，还倚仗众多的"好风"吹送。

为这一场歌舞，贵州出动了全省力量。除政策、资金、人才、场地外，每逢参加省外和国外重大活动，都有"多彩贵州风"徐徐"吹"来。经过持续的系列活动推广，从单纯的文化娱乐活动变成一种吸引眼球的文化现象。

多彩贵州品牌提升了贵州的知名度和美誉度，而贵州的全面发展和铺天盖地的各种活动及大肆宣传推广，也为多彩贵州品牌提供丰富的快速成长养分。

正如多彩贵州文化产业集团有限责任公司党委书记、董事长袁华所言："多彩贵州品牌之所以不可复制，不是品牌影响力是世界是最大的，而是其特性决定的。它的成长，不是一家企业能完成的，也不是党委政府推动就能实现的，而是聚全省之智、举全省之力，以及社会各界多方助力之下培育出来的结晶和硕果。"

从一个商标升级

品牌的价值是巨大的，但再巨大的价值如果缺乏平台将无法呈现。

2005 年，为使贵州文化更具竞争力与影响力，提高贵州的知名度和美誉度，贵州省委、省政府决定将多彩贵州作为贵州省总体形象的定位，打造出多彩贵州品牌。

同年，多彩贵州文化产业发展中心提交了 4 个类别的"多彩贵州"商标注册申请。2008 年 1 月，该中心进行了"多彩贵州"全类商标注册申请，目前全类商标注册已基本完成，共 45 个类别，涉及书籍、报纸、期刊、广告、电视播放、网站、邮票、茶、香烟等 460 多个商品（服务）项目。2015 年，更是获得了驰名商标认定。

作为贵州省第一件被认定为驰名商标的文化产业品牌，意味着多彩贵州除了在的品牌建设上实现了新突破，对推动全省民族文化产业的发展综合效应也不言而喻。

"使用多彩贵州商标是为了进一步弘扬多彩贵州绿色黔茶文化，最终目的是宣传贵州，这难道也有错？"随着多彩贵州商标影响力的逐渐提升，不少企业就动起了"歪脑筋"，纷纷在自家的产品印上"多彩贵州"字样，想沾一点光。然而他们在工商部门找上门后才发现，此举并不妥，存在"傍牌"和侵权嫌疑。

既然是区域品牌，为什么不让更多的企业"沾光"受益呢？面对公众的疑问，作为多彩贵州商标的运营者，多彩贵州文产集团给出的答复是："不是不能用，是要依法依规的通过授权后再用，不过也不能滥用！"

2014 年，黔南州一位种植火龙果的老板找到该公司一位负责人，想获得多彩贵州的商标授权。虽然这位老板给出的条件很优厚，但这位负责人还是当场拒绝了对方的诉求。

该负责人表示，多彩贵州品牌代表的是贵州形象特色，获得授权的企业和产品都应是极具贵州特色和文化内涵的产品，如果什么产品都授权，还有何特色可言？如果没有特色和内涵的产品大量进入市场，慢慢地会弄砸这块金字招牌。所有的授权，并非只是简单的贴牌，而是让产品彰显出无形的价值，让无形价值与有形产品高度融合，以此提升产品附加值和市场竞争力。

商标并不等同于品牌，有了商标，并非就意味着这个品牌拥有旺盛的生命力。

多彩贵州则先是品牌，是一个泛概念，通过什么样的模式用好、用活这一品牌，并让这一品牌深入人心，"以品牌带活产业，以产业支撑品牌"势在必行。通过研究，初步形成了党委政府大力推动、公益活动培育、产业授权支撑的运作模式。

从一个产业升华

"2016 年，销售额达 2 亿余元，业绩是 2015 年的 2 倍，是 2014 年的 20 倍……"多彩贵州水的老板看到这份销售报告，自己都被上面的数据吓了一跳。

事实上，这仅仅只是多彩贵州品牌溢价的一个缩影。

袁华董事长说，许多人都知道贵州的山好、水好、生态好，但是仅仅停留在看得见却摸不着的层面是不够的，贵州水好，安喝。在华北地区和北京，多彩贵州水十分受追捧。品质好只是一方面，他们还通过系列的策划，将贵州精彩的水故事讲给消费者听，让贵州水甘甜有"回味"。同时还根据消费者的不同需求，量身提供定制贵州水。

对于一个品牌来说，发展必须经历导入期、培育期、发展期和壮大期。而多彩贵州正是进入了快速发展期。只有坚持创新，才能使多彩贵州品牌发展之路越走越宽广。

"单一的品牌授权只是开始，我们现在又在探索平台搭建。"袁华说，发展模式的创新，也是多彩贵州品牌成长的一大助力。在单一授权成熟后，多彩贵州开始侧重考虑平台搭建，以平台公司的运营方式，对产业的策划、定位、研发、生产、销售等进行总体把控，争取最大限度地实现品牌溢价效应。

通过聚智聚力，多彩贵州紧跟时代步伐，在理念、机制、模式上进行创新，以三个创新来支撑品牌建设和发展，"以无形转有形，以有形寓无形"，探索出了一条不同于东部、区别于大多数西部省市的新路子。

以多彩贵州民俗酒店、多彩贵州生态农庄为例。2016年，多彩贵州开始搭建酒店平台，在中国（贵州）国际民族民间文化旅游产品博览会上，展出了多彩贵州民俗客栈的建筑模型、酒店配套旅游文创产品等。多彩贵州民俗酒店以地域文化体验为主题，在酒店风格上尽量保持与当地建筑原汁原味，在客栈配套物品开发上，主动融合当地民俗文化符号，既增加客栈的舒适度，又增强游客的文化体验感。而多彩贵州生态农庄则是集线下农耕旅游、体验、观光休闲，线上销售有机、绿色无公害农产品等，集农业生产、加工与观光旅游为一体的生态项目。

2016年，省委、省政府明确，多彩贵州城地处双龙航空港经济区核心区，紧邻贵阳龙洞堡国际机场，是我省对外展示的一个重要窗口，在全省旅游业发展中具有特殊重要性。要坚持统分结合、优势互补，因地制宜、乘势而上，更加突出贵州特色、文化品位，加快把多彩贵州城打造成为我省全域旅游的风景眼和集散地。

如今，这只辐射九个市州和贵安新区的多彩贵州"风景眼"，正依托航空港区位优势，以营盘山为瞳孔，周边项目、产业、园区为眼球，朝着加快打造贵州全域旅游目的地和引领贵州全域旅游快速发展道路上阔步前行。极具特色的是，他们将品牌与文化结合，让"风景眼"更加"眼光独到"；以"非遗"为魂，让"风景眼"更加"眼神摄魂"；以独具匠心的建筑风格和优美的环境作支撑，让"风景眼"更加"眼色美丽"。

激情满怀的袁华坦言，目标已圈定，航向已明确，多彩贵州品牌既有让产品走出去、活动走出去、企业走出去的雄心，也有推动更多企业走向资本市场的信心，更有让多彩贵州品牌风行天下的毅力和魄力。各方协力之下，多彩贵州品牌这块金字招牌必将释放更具特色的魅力，这颗耀眼的"绿宝石"，璀璨的光芒将辐射更远更广。

目前，多彩贵州集团以全资、控股、参股等方式运营着 42 家企业，涉及 12 个品牌，分布演艺、文化旅游地产、网络、艺术教育培训、文创、影业、航空、特色农业、研究院、智慧旅游、特色产品、园区、山地百货等 10 多种业态。"十二五"期间，多彩贵州品牌拉动投资达 40 余亿元。"十三五"期间，多彩贵州品牌目标是拉动投资 100 亿元。

贵州 CCDI

领跑全国文化大数据产业

颁奖词：国家级规划重点项目，文化科技融合的示范。

　　CCDI 项目作为国家"十三五"时期文化发展纲要"互联网＋行动重大文化产业工程"，项目以国家网络文化信息安全及传统媒体新兴媒体融合战略为总指导，推进出版广电行业大数据的"聚、通、用"，建设互联网版权公共服务体系和广电网新兴产业体系，是贵州广电推动文化产业可持续发展的重要实践，是探索省区、跨行业、跨网络、跨终端、跨所有制的发展新模式。CCDI 项目正努力建设成为贵州发展大数据的旗舰项目，力争为推动"十三五"时期国家网络文化信息安全及文化繁荣文化创新做出应有贡献。

贵州建设：全国首个出版广电大数据产业项目

中国文化（出版广电）大数据产业项目（China Culture Data Industry，简称"CCDI"）是《国家"十三五"时期文化改革发展规划纲要》重大文化产业工程。项目是在中国音像与数字出版协会数字音像工作委员会推动建设的"国家数字音像传播服务平台（版权云）"基础上发展起来的，并新增加了中国广电网络新产业投资开发系列项目。

CCDI 项目以出版广电大数据中心建设为基础，以"国家数字音像传播服务平台（版权云）"及"中国广电网络新产业投资开发系列项目（广电云）"两大项目为"抓手"，以大数据（云计算）为支撑，形成"云、管、端"一体化的技术、市场新体系，助推传统媒体和新兴媒体融合发展。

2014 年，中央《关于推动传统媒体和新兴媒体融合发展的指导意见》出台后，广电总局和贵州省人民政府经研究确定，围绕"国家数字音像传播服务平台"和"下一代广电网络（NGB）"的规划建设目标，发挥双方资源优势、依托贵州大数据产业发展基础，充分利用新闻出版广电系统渠道、平台、内容等资源，合作推动"中国文化（出版广电）大数据产业"项目。CCDI 项目总投资 300 亿元，广电总局与贵州省人民政府联合开发 CCDI 项目，以中国文化（出版广电）大数据中心建设为基础，合作开发"国家数字音像传播服务平台"，成立中国广播电视网络产业投资有限公司（"广电投"）并组建大数据公司，推进出版广电大数据应用，同时开发"广电融合网（有线、无线、卫星、互联网）""广电网络智能终端定制量产推广""广电金卡支付平台""广电融合网在线教育平台""广电融合网电商平台"等创新型项目。

CCDI项目由"国家数字音像传播服务平台"（简称"版权云"）、"广电网络新产业"（简称"广电云"）及"CCDI产业示范园"两大产业集群和一大产业园区组成。版权云项目方面，围绕全网实时监测、全网实时出版、全网实时交易三大业务体系，建设国家级版权版本信息和标本比对数据库，打造从认证登记到监测取证再到投送分发等应用于一体的全产业链服务平台。广电云项目由中国广播电视网络有限公司（简称"国网公司"）和贵州省广播电视信息网络股份有限公司共同牵头，联合各省（区、市）广电网络公司共同发起，组建广电新产业项目开发投资公司——广电投，依托大数据（云计算）应用，组织实施广电网络新产业项目的开发运营。

CCDI产业园区，规划占地2100亩，规划建设CCDI项目工作基地、大数据中心、贵州广电生产基地、版权云产业园、广电云产业园，通过政策扶持、平台构筑、资本引导、产业孵化等措施，吸引出版广电、大数据、影视传媒、文化交易、文创旅游等企业入驻，打造贵州向全国辐射的文化体制改革及文化产业发展创新型产城融合园区。

2015年12月18日，贵州双龙航空港经济区管理委员会与贵州广电传媒集团有限公司、中云文化大数据科技有限公司签署投资合作协议，共同开发建设中国文化（出版广电）大数据产业项目及配套产业项目。该项目是我国新闻出版广电领域的首个国家级大数据产业项目。

该项目位于贵州双龙航空港经济区，旨在联合全国广电网络公司，整合网络资源，实现互联互通，做大做强出版广电大数据产业，建立共赢的出版广电生态圈，将中国广播电视网打造成既有互联网融合互动、又安全可控的重要文化和信息网络，充分发挥广电内容优势，利用互联网思维构建出版广电行业云、管、端一体化，促进出版广电由传统媒体向新型媒体转型。

CCDI项目总投资300亿元，主要构建出版广电大数据中心、广电融合网（有线、无线、卫星、互联网）、广电融合智能终端平台、广电金卡四大基础设施平台，并在此基础上开发建设国家数字音像传播服务平台和中国广电网络新产业两大系列项目。项目包括版权云、广电云两大系统，以版权产业保护交易和广电网络互联互通为核心内容，创新商业模式，打造全国最大的版权产业线上线下交易平台和广电网络新型业态聚集平台，最终形成重塑全国版权产业交易体系和广电网络产业体系的战略高地。版权云是构建国家所有的音视频内容传播监管服务平台，包括交易的保障系统、内容存储系统等；广电云是把基于广电网络的在线购物、在线教育等多个新业务，集成在一个广电平台上，为千家万户提供更多的优质服务。

项目建成后，贵州大数据产业又有了一个新的支撑，丰富了贵州"7N朵云"的内涵，汇聚了一批大数据研发和应用市场主体，突破了一批大数据关键技术，培育了一批基于大数据信息消费新兴业态，形成了贵州省首个"文化创意大数据应用"的产业聚集区，为打造贵州大数据产业全产业链打下良好基础。贵州广电集团积极导入全球大批名企优企汇聚贵州双龙航空港经济区，在贵州全力打造"十亿企业、百亿园区、千亿集群"的大产业布局。

2017年12月22号，中国文化（出版广电）大数据产业平台数据中心揭牌暨贵州广电传媒集团和云上贵州大数据公司战略合作协议签署仪式在贵阳举行。数据中心的建成填补了我国宣传文化系统目前没有行业级大数据中心的空白。

目前，版权云项目已多次参加国家"扫黄打非"行动，数据库总信息量超过6亿条，数据总存储量超过500TB；与北京国际版权交易中心、中国作家富豪榜、重庆邮电大学电子数据鉴定中心、多所律师事务所等21家机构和企业达成正式合作；为郑渊洁、韩寒等20余位国内知名作家的文学作品IP独家开发运营并提供反盗版维权服务；得到2家影视发行公司的24

部院线影片独家授权独家代理反盗维权服务；与联想中国、北京文化、南大苏菲特等多家文化影视产业链上下游机构达成战略合作意向；CCDI 项目已整合广电旗下 203 家企业和配套产业资源整装待发。广电云项目联合了国内 12 家广电网络公司，融资 7000 万元，在贵州注册成立了中广投网络产业开发投资有限公司，遵循创新、协调、绿色、开放、共享五大发展理念和互联网＋、大数据行动纲要、智慧广电等国家关于创新发展的大政策，采取小资金投入、大资源聚集（网络和用户）、大项目孵化、大资本引入的新举措，以大数据、云计算、人工智能，智能广电网、互联网等新技术为依托，创建广电云、管、端一体化的新技术系统，利用平台孵化器积极拓展新业务、新服务，抢抓行业增量产业发展，探索跨省区、跨行业、跨网络、跨终端、跨所有制发展新模式，打造全行业可管可控、紧密合作、具有核心竞争力的企业实体，为项目开发运营奠定坚实的基础。

贵州数据：抢跑全国两年

过去提到"黔"，既不与"钱"沾边，也不与"前"靠近。而今，贵州却是"一个懂大数据的地方"。2014 年，贵州开始做大数据，比国内其他地区"抢跑"了两年。"抢跑"的贵州目前已经成为全国首个大数据综合试验区。

让数据说话，扶贫有了测谎仪。贵州是全国贫困人口最多、贫困面积最大、贫困程度最深的省份。曾经"你说东家贫，他说西家穷，谁是贫困户，有嘴说不清"，贫困户精准识别困扰着基层干部。如今，依托"扶贫云"，这个问题正在逐步得到解决。

据贵州省扶贫办统计，目前"扶贫云"运用大数据手段实现了对全省建档立卡的 623 万贫困人口、9000 个贫困村、934 个贫困乡镇、66 个贫困县的动态监测。

贫困程度最深，究竟深到何种程度？贵州基层的衡量办法是"四看"，即一看房、二看粮、三看劳动力强不强、四看家中有没有读书郎。

"'扶贫云'通过对收入等 18 个指标的考察与分值衡量，将'四看法'转为脱贫指数，精准计算省、市（州）、县、乡（镇）、村、户的贫困程度。透过'扶贫云'，贫困人口、分布情况、致贫原因等一目了然。"贵州省扶贫办总农艺师说。

"扶贫云"上建有责任链、任务链和资金链。在责任链、任务链上，可以清楚地看到每个贫困户的帮扶干部是谁、做了哪些工作，工作不到位，立即发出预警。"扶贫云"资金链对扶贫项目申报、审批、报账、验收等实施全程、实时监管，保障每一分钱用在刀刃上。

"三条链发力，能够有效防止被脱贫、数字脱贫。'十二五'时期，35 个贫困县、744 个贫困乡镇摘帽，贫困发生率下降到 14.3%。其中，2015 年减少贫困人口 130 万人。"

靠数据赚钱，不占土地不建房。不沿边、不沿海，贵州却有一片"海"，它就是大数据蓝海。这片蓝海里，越来越多企业正在获得过去无法企及的商机。

未来 72 小时内，全国任何一条河流的来水量是多少？水位多高？要不要发布洪水预警？这些问题"东方祥云"可以一一回答。

贵州东方世纪科技股份有限公司董事长介绍，"东方祥云"之上已有两万个水利工程上线，服务能力从国内主要河流延伸到莱茵河、密西西比河、尼罗河、亚马孙河等流域。有了大数据、不占土地、不建厂房，我们的服务、市场半径可以辐射全球。预计今年服务能力将覆盖全球土地面积的 70% 左右。

大数据在与农业、工业、服务业的融合发展中加速推进产业转型升级。贵州省经信委主任说，目前，贵州农村电商网点超过 1000 家、重点行业数字化研发设计工具普及率近 40.5%，还催生了互联网金融、导航服务、智慧物流等一批新型业态。

"货车帮"，作为中国公路物流领域的阿里巴巴，利用大数据在货主和司机之间搭建的互动交易平台，致力于解决公路货运中的空驶乱跑、趴窝等待，实现车货匹配。

贵阳货车帮科技有限公司负责人说，2014 年起步时，贵阳"货车帮"只有几十人，短短两年左右时间，员工已经达到 3000 人、注册车辆 170 万辆，一年可节省燃油价值约 300 亿。"货车帮"，已成长为中国公路的最大网上运力池。

用数据辅政，权力关进"e 围栏"。哪个岗位风险指数最高、哪家企业存在围标串标风险、哪个工地有安全隐患，打开贵阳市住建局"数据铁笼"系统，都可以找到答案。

2015 年以来，贵阳市实施"数据铁笼"工程。首先，梳理"三清单两点一流程"，即权力、责任、问题清单，公共权力运行流程以及权力寻租点、群众关注点；然后，进入信息化平台，让权力"跑起来"；最后，通过分析权力"跑动"数据构建行为模型，将事后监管变成事前、事中监管。

"'三清单两点一流程'是笼底、业务模型是笼条、云平台是笼盖，通过技术与制度的结合，实现权力可视化。目前，'数据铁笼'已在 40 个市政府组成部门实现全覆盖。"贵阳市纪委研究室主任说。

在乡村也能"进一张网，办全省事"，作为全国"互联网 + 政务服务"试点示范省之一，贵州正在加快建设"全省一张网"，提升政府治理能力。

贵州省政务服务中心主任说，目前各级 3800 多个部门的 5.8 万多项行政审批服务事项已纳入网上办事大厅，日均网上交换流转 3 万余件、访问量 10 万余次，行政审批基本实现联动办理。

聚数据之力，探发展新道路。群众贫困、生态脆弱、产业结构单一，经济下行压力之下，抓住大数据时代稍纵即逝的机会，2013 年起，贵州走上了大数据之路。

贵阳市副市长说，过去有些产业就像天使与魔鬼的结合体，经济数字上是天使，对环境而言却是魔鬼。大数据是生态友好型、环境友好型产业，贵州走大数据之路，探索在弯道取直中守住发展与生态两条底线。

可以用三句话总结贵州大数据发展特点：一是天赐加良机，立足气候凉爽、地质稳定、电力充足等先天优势，抓住了稍纵即逝的窗口期，与世界处在同一起跑线上；二是笨鸟先飞，虽然家底薄，但是敢于先发声，在以月为单位变化的大数据行业成了领路人；三是领跑加群跑，政府领跑、企业群跑，大数据生态链逐步形成。

"数据星河"里，贵州创造了多项行业纪录：率先建成全国第一个省级政府数据集聚、共享、开放的"云上贵州"系统平台，率先设立全球第一个大数据交易所……2016 年 2 月，贵州获批建设全国首个大数据综合试验区。

在贵州大数据试验田里，民、政、商共赢格局正在形成。投资者、创意者和应用商加盟贵州，在大数据领域开展更高层次、更宽领域、更深程度的互利合作，共同谱写"云上贵州"精彩华章。

贵州版权云：为未成年人健康上网保驾护航

CCDI 是由贵州广电传媒集团牵头实施、作为国家在贵州省部署实施的传统媒体转型升级、新旧媒体融合的一个实验性项目。CCDI 项目具体为国家级文化行业大数据中心、版权云和广电云两大项目集群以及 CCDI 产业基地。

版权云是 CCDI 的核心项目，具体由中云文化大数据科技有限公司开发建设。以服务全国"扫黄打非"工作为重要政用功能，同时建设覆盖全网的数字版权登记和版权监测服务能力，形成互联网版权公共服务体系。

版权云监测平台上实时更新的侵权监测数据。版权云在打击儿童邪典视频、参与"2018 护苗专项行动"等行动，提供的有效证据占"反非司"案件举证量近 60%。

近年来，中央宣传部、中央网信办、全国"扫黄打非"工作小组办公室及相关部委开展集中整治行动，多次对网络直播平台传播低俗、色情、暴力等违法有害信息出重拳。

现在的网络用户更加趋于低龄化。低俗、色情、暴力的网络内容之下，未成年人成了最大受害者，而一些缺乏辨别力、价值观未健全的未成年人甚至成为有害信息的传播者。

未成年人直播乱象、儿童邪典视频等现象更凸显出未成年人健康、安全上网问题的重要性。

在解决"扫黄打非"等内容的监测上，所使用的技术与侵权盗版监测的技术有相通之处，都是在通过爬虫爬取数据后使用人工智能等技术对内容进行判定。区别只存在在效率、范围、成本等细节上。目前已经形成全国最大"扫黄打非"非法信息比对数据库。从 2013 年版权云项目参与全国"扫黄打非"工作起，陆续参与打击了儿童邪典视频、经典影视恶搞剪辑等专项行动。

在监控、审核和识别过程中，先是借助技术对内容数据进行爬取和判定，之后还要进行人工审核，最后将审核搜索过程中的证据包反馈给反非司。

正安吉他

从一群工匠到一个产业　吉他奏响发展"神曲"

颁奖词：无中生有，有中做强，正安吉他弹出贵州好声音。

通过筑巢引凤，改善投资环境，从东南沿海招商引资引进的 1 家吉他企业到 64 家（吉他生产企业 37 家，配套企业 17 家，签约落户正在完善入园程序的有 12 家）。从贴牌代工生产国外品牌，到有"格拉苏蒂""贵优特""塞维利亚""威伯""声音花园""天缘"等 20 余个吉他自主品牌。从一家厂房到建成两个园区，占地 400 亩的标准厂房，再到现在建设占地 978 亩的正安·国际吉他文化创意产业园。现已成为全国最大的吉他生产基地，实现了吉他产业从无中生有到有中做优，再到优中做强，并正向"中国唯一、世界一流"的目标阔步前进。

走进正安·国际吉他产业园，各式各样的吉他跃入眼帘，美妙的吉他弹拨声声入耳，各国客商交臂而过……

位于贵州省遵义市的国家扶贫开发工作重点县正安县，先天资源禀赋匮乏，通过深挖人力资源优势，近几年来，兴起吉他文化产业，有力带动当地脱贫致富和经济发展。

正安：中国的"吉他制造之乡"

素有"黔北门户"之称的正安县，拥有"中国白茶之乡""中国小说之乡""中国油桐之乡""中国野木瓜之乡"等美誉。2013 年，吉他产业在这里无中生有，经过多年发展，正安又多了一个"中国吉他制造之乡"的称号。

如今的正安县，无论是路边的街灯，还是公园里的喷泉、雕塑，到处都可见到吉他的元素，吉他文化广场中央引人瞩目的巨大吉他雕塑，已成为正安的一个鲜明符号。吉他，已融入当地人的文化生活

正安吉他产业园是全球最大的吉他生产基地。目前，世界排名前 10 位的品牌中，有 6 个都选择由当地的厂家完成生产代加工。自 2013 年利用沿海地区产业转移的机会将一批人才引入本地，如今，吉他制造已经发展成为正安的支柱产业，带来的年产值高达 15 亿。

流淌在大地上的华丽交响

回乡创业之初，郑传玖心里不是十分踏实，只搬回部分生产线。正安县委县政府对吉他园区企业承诺：墙内的事情企业自己管，墙外的事情政府包。"县委'一把手'亲自抓，租金、税收等优惠政策落地，我只负责管好工厂的事，其他都是县里干部帮我办好，县检察院还对营商环境建设出台'硬十条'，为我们的发展保驾护航。"郑传玖说。

"80后"赵山过去在贵阳做 IT 行业，2016 年返乡创建贵州贝加尔乐器有限公司，如今公司生产的威伯吉他、威伯尤克里里占据淘宝吉他产品双销冠，日电商销量 3000 把到 4000 把。

"融资是企业最大的困难，在县委县政府帮助下，公司顺利贷款 800 万元，解了燃眉之急。"赵山说。

2018 年初，"正安国际吉他闽台产业园区"正式揭牌，14 家福建、香港、台湾及澳大利亚的企业入驻。来自福建漳州的马氏吉他制造有限公司法人马大树说，公司搬到正安后，光人工成本、场地租金、电费等 1 年就能节省 600 万元。

"选择正安，是因为这里对吉他产业的定位最清晰、政府最重视，作为长期的支柱产业在抓。"马大树说。

激光开料、合桶、裁边、打磨……生产流水线上机器轰鸣，正安国际吉他产业园内一片繁忙。这个由返乡农民工创办的企业集群，正弹奏着漂洋过海的销售"神曲"。

"这 6000 把吉他，是马上要发往美国的订单。"郑传玖指着车间里一排排整齐的吉他说。公司没有存货，产品都是供不应求。他以前在台湾吉他公司打工，掌握了吉他生产技术。如今，作为第一个返乡发展吉他产业的致富带头人，郑传玖所创办的遵义神曲乐器制造公司拥有世界顶级的吉他制造技术。

上海、法兰克福和洛杉矶的吉他展是郑传玖每年都要参加的重要展会，那些平台让他从正安带去的吉他走向世界。美国、日本、德国、巴西……神曲公司的订单来自世界各地。芬达、依班娜、塔吉玛……很多世界顶级吉他品牌都由神曲公司做代工，最贵的吉他出厂价上万元。

神曲的生产车间里，胡仁群正忙着组装吉他。因为要照顾家里的孩子，她离开在广州打工的鞋厂，回到家乡。目前，神曲公司有650位员工，其中117名贫困户，每月工资3000元左右，让他们有了一份固定的收入。

悠远山谷传出"世界之音"

音乐话剧《吉他·吉他》公演，瑞典著名吉他演奏家约翰内斯·莫勒担任正安吉他国际形象大使……"正安吉他"品牌的海内外影响力越来越大。

"作为深度贫困县，选准、选好产业之后，就是坚持不懈，一届接着一届抓。"正安县县长说，"这些年，正安从打工经济转向创业经济，产业实现了从无中生有到有中做优，再到优中做强。"

正安是贵州14个深度贫困县之一。2012年，正安县摸底调查发现，仅在广州吉他行业务工的正安人就有两万多人，不少已成为骨干人才，一部分想回乡发展。

正安县安场镇解放村的郑传玖，19岁到广州闯荡，在吉他厂从普通工人做到车间主管，和哥哥创建了广州神曲乐器制造有限责任公司。2013年，正安县招商引资，神曲公司入驻正安·国际吉他产业园，成为最早回乡试水的吉他企业。

"我们生产的吉他属于'两头在外'，原材料全部进口，成品全部出口。虽然当时正安县没有生产原料、配套产业，交通条件也不优越，但是这里政府主导抱团发展，土地成本低廉，又具备劳动力优势，从长远看，回家乡发展更有利。"郑传玖说。如今，神曲公司年产值已达4亿元。

神曲公司试水成功，吸引了一大批正安籍吉他人才和企业返乡。正安已形成全球较大规模的吉他生产基地，世界排名前6位的吉他品牌，都在这里代工生产。

近年来，正安县共引进54家吉他制造及其配套企业，建成了60万平方米标准化厂房，从以代工为主，到目前已形成20多个吉他自主品牌。到2018年底，正安·国际吉他产业园年产销吉他600余万把、产值约60亿元，其中60%的产品出口销往全球30多个国家和地区。

吉他奏响脱贫致富最强音

吉他产业有力助推了当地脱贫攻坚。正安县易地扶贫搬迁安置点建在园区对面，向安置户敞开招工大门。神曲公司在资助贫困家庭同时，今年还准备成立扶贫车间。到2018年底，园区共解决就业13768人，其中建档立卡贫困人口1284人，带动6640人稳定脱贫。正安县安场镇解放村上坝组村民舒小女，过去和丈夫在广州神曲公司打工，回到正安县的神曲公司上班后，两人月收入八九千元，"挣钱不比在广州少，生活安逸得多。"她说。

县长介绍，正安县正全力推进世界知名吉他生产聚集区建设，按照吉他工业、吉他文化、吉他旅游"三位一体"同步发展思路，努力把正安·国际吉他产业园打造成国家级文化产业示范园。2019 年，入驻投产企业将达到 70 家以上，实现年产吉他 700 万把，产值 70 亿元，新增就业 2000 人以上。

强化扶持，打足底气飘旋律

为打造返乡创业企业发展的良好环境，正安县从财税、金融、土地、基建等多方位入手，支持企业孵化、成长、壮大，并通过自身发展带动更多就业。

一是强化财税扶持，精心帮扶留企业。正安县对园区内所有返乡创业企业免费提供标准厂房；为 140 户易地扶贫搬迁返乡创业劳动力免费提供创业场所，打造了易地扶贫搬迁户劳动力返乡创业一条街；成功帮助吉他企业申报省级服务业引导资金 397 万元；协助吉他企业累计办理出口退税 1487 万元；落实 180 家小微企业享受"3 个 15 万"优惠政策、兑现资金 900 万元。

二是畅通金融渠道，倾力支持强企业。正安县先后为 5 家吉他企业提供了融资担保，实施了贵园信贷通、创业贷、惠农贷、产业贷等金融惠农政策，累计撬动银行资本投入 5.479 亿元，积极支持在外务工人员返乡创业；2018 年以来，正安县已为 16 家吉他企业发放"贵园信贷通"贷款 5000 余万元，并实行利率优惠政策；对 518 名返乡人员发放创业担保贴息贷款 5200 万元，兑现贷款贴息 545 万元。

三是优化营商环境，暖心服务助飞翔。正安县大力营造敬商、亲商、安商、富商的营商环境，对返乡人员创办企业提供最优质、最优惠、最快捷的服务，实现"拎包入住"。推行园区企业县级领导挂帮制度，及时协调解决企业生产经营过程中遇到的困难和问题。

转型发展，强力奏响挺进曲

在吉他制造蓬勃发展的同时，正安县着力推动返乡创业企业转型发展，引导企业通过品牌创新提升附加值，积极开拓线上线下、国内国外两个市场。

一是自主创新强品牌。正安县设立品牌创新奖励基金，鼓励企业加强技术创新和品牌创建，加大自主品牌的研发和推广。神曲乐器、贝加尔等返乡创业企业已研发并注册了"格拉苏蒂""百斯卡""塞维尼亚""贝加尔""威伯""天缘"等20余个吉他自主品牌。

二是"互联网＋"拓市场。正安县深入实施"互联网＋吉他"行动，目前许多企业的吉他品牌已入驻天猫、京东等大型互联网商城，2018年实现电商销售吉他180万把，仅贝加尔乐器有限公司"双十一"一天就实现网上销售吉他2.4万把，荣获全国网络吉他销售冠军。并获得阿里巴巴集团董事局主席马云先生点赞，称正安为"遵义会议会址旁边的一匹黑马"。正安县也被商务部列为"全国第三批电子商务进农村综合示范县"。

三是本土品牌"走出去"。正安县大力推进返乡创业企业抱团出海，多次组织园区吉他企业赴巴西、德国等地参加各类乐器展出，承接国际订单，提升正安吉他品牌在国内外市场的知名度和影响力。目前正安县"芬达""依班娜""塔吉玛"吉他品牌出口到美国、巴西等30多个国家和地区，占亚洲市场的20%、美国市场的30%、巴西市场的40%。

目前，占地978亩65万平方米标准厂房的正安·国际吉他文化创意产业园已经经营，由云盘山观景台、世界一流的吉他音乐演奏厅、吉他博物馆、八音盒景观、吉他生产展示中心、吉他主题精品酒店、生态产业园区、吉他大师楼、吉他科教园、吉他云数据中心、吉他音乐风情街、山地湿地公园等组成。主要围绕生态、文化、健康、音乐、旅游等，打造一个创新发展平台，以产城一体的空间载体，容纳和展示了一个可持续发展的吉他产业。便利的交通条件，完善的基础设施，优美的生活环境。

孔学堂

颁奖词：弘扬优秀传统文化，构筑贵州"精神高地"。

习近平总书记在党的十九大报告中指出：要坚定文化自信，推动社会主义文化繁荣兴盛。作为全国首创，孔学堂坚持"创造性转化、创新性发展"基本方针，以"传承弘扬中华优秀传统文化，培育践行社会主义核心价值观"为宗旨，牢牢把握不断满足群众需求这个基础，充分发挥教化功能、传播功能、学术研修功能、文化旅游功能、产业支撑功能，积极开展贴近群众生活的系列化文化活动，并与国内著名高校及海内外学术机构建立合作交流机制，人民群众得到极大实惠，文化获得感不断提升，现已成为贵州省的人文地标和对外文化交流的重要平台，成为构筑贵州"精神高地"的重要支撑。

开启儒学文化圣地之门

2013年1月，孔学堂正式建成并对外开放。2014年8月，作为"智库核心"的学术委员会正式成立，孔学堂进入到以专门的组织形式发挥专家学者作用的新阶段。克志书记、敏尔书记、志刚书记先后多次到孔学堂进行调研，就建好用好孔学堂这个重要平台给予重要指导。

2018年1月26日，"孔学堂内涵式发展"纳入贵州省政府工作报告；2018年2月，贵州省委办公厅、省政府办公厅印发《关于贯彻落实＜关于实施中华优秀传统文化传承发展工程的意见＞工作方案》，提出"要强化中华优秀传统文化阵地建设作用，拓展孔学堂教化研修功能，整合全省阳明文化资源，搭建国家级阳明学研究平台"。

回望过去，风雨数载，公益讲座、体验活动、学术交流、传统音乐会等活动从未间断，孔学堂不断探索、创新，围绕教化与研修两大功能，不断加强内容建设，年均举办近200场活动，成为弘扬中华优秀传统文化的重要阵地，成为培育和践行社会主义核心价值观的重要载体。

习近平主席在访问文艺复兴的发源地欧洲时指出："每一种文明都延续着一个国家和民族的精神血脉，既需要薪火相传、代代守护，更需要与时俱进、勇于创新。唯其与时俱进，才能推动文明跟上时代潮流；唯其勇于创新，才能激活文明的生命力。"

孔学堂建设项目的提出，有着深刻的时代背景。从政策因素来看，2007年，胡锦涛同志在党的十七大报告中，把"弘扬中华文化，建设中华民族共有精神家园"确立为推动文化大发展大繁荣的战略任务之一。2011年，党的十七届六中全会提出要弘扬中华传统美德，建设优秀传统文化传承体系。为深入贯彻落实文化大发展大繁荣的战略任务，时任省委常委、贵阳市委书记李军明确指出"我们既要建高楼大厦，也要建精神殿堂"。贵阳市虽然已于 2011 年荣获全国文明城市称号，但提升道德文明的脚步不能停歇。孙中山先生说："中国有一个道统，尧舜禹汤文武周公孔子相继不绝，我的思想基础就是这个道统。"建树贵阳人的道德文明，也需要一个能为绝大多数市民接受的道统，那就是以孔子为代表的儒学文化。弘扬儒学精华，开启教化新风，助推当代道德文明的构建，这是建设孔学堂的第二个出发点。从历史因素看，明代儒宗王阳明 500 年前在贵阳修文龙场悟道，开创了"心即理""致良知""知行合一"的心学思想，至今还影响深远。研究发掘弘扬阳明心学，为现代社会服务，贵阳作为王学圣地，具备相当深厚的历史基础。从现实因素来看，与中原地区相比，贵阳的历史文化相对贫瘠，传承文化的平台更是屈指可数。市内知名的古建筑阳明祠、甲秀楼、文昌阁、三元宫也仅是楼台亭阁，不能满足现代社会传承传统文化的需求。对拥有数百万人口的贵阳而言，无论是从文化的繁荣发展考虑，还是从城市功能布局、百姓文化需求考虑，都有必要建设一个体量更大、承载力更大、传承能力更强的中华优秀文化载体。

孔学堂在建筑风格和功能布局都大大有别于传统孔庙。在设计上，并未沿袭各地孔庙的明清风格，而是采用汉唐风格，采取中国传统的型制布局，呈"一纵两横""三轴交联"之势。一纵轴即"礼轴"，由西北至东南纵贯，象征孔学的礼与仁，起于棂星门，经大成门、礼仪广场、大成殿，止于杏坛。两横轴即"风轴""行轴"，都由东北至西南并横。"风轴"象征孔子的教化思想，轴上左有明伦堂、溪山书院，是会议研讨和学者讲学区域；右有六艺学宫，是传统六艺教习基地。"行轴"象征孔学的智慧与实践，轴上有乡贤祠、阳明祠、奎文阁等建筑，乡贤祠供奉贵州历代贤达名士，阳明祠祀奉明代大儒王阳明，奎文阁典藏儒学文化经典。孔学堂不是庙堂是学堂，不是封闭的小讲堂，而是开放的大平台。作为弘扬中华优秀传统文化的精神殿堂，孔学堂不是复古，而是复兴，是取其精华、去其糟粕，推陈出新，维护民族文化基本元素，巩固提升中华文化软实力，构建一个文化载体达到心灵共鸣的教化道场。

合力奏响传统文化主题旋律

在过去，阳明心学、儒家文化、士大夫精神等只是学术专著和大学讲堂的高频词，随着越来越多的学术交流公开举行，文化讲座免费开放，人们对这类词语已不再陌生。

2015年，孔学堂中华文化国际研修园正式开园，北京大学、浙江大学、复旦大学、中国人民大学、武汉大学、南京大学、中山大学、四川大学、北京外国语大学等国内高校均正式入驻，广泛开展阳明学研究、高端国际论坛、孔学堂四季论辩大会等重大学术交流、研讨活动。在入驻仪式上，郭齐勇代表入驻院校发言时说："孔学堂中华文化国际研修园的建设为弘扬中华优秀传统文化提供了新的模式，将成为贵州省内外、国内外学者和学生切磋琢磨的平台，其意义和价值不可限量。"

打造公益讲座品牌。从2013年开放以来，孔学堂邀请全国各大儒学机构、高校以及众多知名学者，利用周末及节假日为市民举办以传统文化为主要内容的高品位、高层次、高质量的系列讲座。讲座通过报纸、广播、电视、网络等媒体每日发布讲座预告，听众自愿、免费参加，于丹、楼宇烈、王小甫等海内外知名学者都曾在孔学堂登坛演讲，至2018年底，已举办了656场，听众达26万余人次，深受市民群众喜爱。此外，孔学堂还与贵州省委组织部、省委党校共同举办"贵州省领导干部历史文化讲座"，深得好评。

打造学术交流平台。孔学堂是一个开放、包容的学术交流平台，倡导在学术上"和而不同"，坚持海纳百川、兼容并包、百花齐放，鼓励学术的碰撞和争鸣，涵育学术，激荡思想。2018 年，孔学堂与国内外高校及学术机构合作举办了地域文献整理与"一带一路"学术研讨会、"一带一路"语言调查与研究高峰论坛、第六届知行论坛、孔学堂学术年会等高端学术会议，累积参加的专家学者人数逾 200 人次，产生了高质量的学术成果，进一步提升了孔学堂的知名度和影响力，促进了孔学堂学术品牌的升级。

打造百家争鸣辩坛。"四季论辩大会"是贵阳孔学堂与国际儒学联合会、光明日报社联合举办的品牌活动，已持续举办多年，先后以"中华传统文化如何实现'创造性转化和创新性发展'""如何看待今天的'国学热'""传统文化如何进课堂""'心性之学'能否解决现代人的心态问题""传统家训还适用于现代家庭吗？"等主题成功举办了一系列的论辩大会，形成了各抒己见、畅所欲言、广纳百家、百家齐放的状态，可谓是当代的百家争鸣。各家之间互相辩驳，又互相影响，互相取长补短，有力地促进了思想文化的发展。在每季度一次的论辩大会上，观众均可一睹来自国内外知名学者的风采，感受唇枪舌剑的激烈。

打造文化活动品牌。除公益讲座外，孔学堂还组织大量传统文化体验活动。端午节包粽子，中秋节尝月饼品茶，重阳节吃重阳糕、学童吟诵《孝经》，春节更是热闹，传统文化庙会中既能猜灯谜，也能玩蹴鞠等传统游戏，还能逛逛集市，带一两件趣味十足的文创小物回家……同时，孔学堂把人生最重要的三个节点——入学、成人、结婚作为培养礼仪的重要切入点，结合中华民族敬老的优良传统，以"中华婚礼""敬老礼""开笔礼""成人礼"为主要内容的"孔学堂四礼"已形成品牌，参与人数逐年增加。此外，作为传统文化教育基地，孔学堂广泛开展琴、棋、书、画、诗、礼等六艺为主要内容的优秀传统文化教育培训，组织中小学生在孔学堂开展诵读经典、练习书画、礼仪推广等培训活动，每年约有 2 万名中小学生到现场接受传统文化教育与熏陶。

在孔学堂，由"溪山"衍生的各类品牌活动极富韵味，"溪山踏歌行""溪山翰迹""溪山书会"等，将书画展、音乐会和读书会联为统一品牌，形成了具有地方特色的文化品牌，受到国内外各大媒体的广泛关注。

国际交流引擎激发孔学堂活力

2015 年，贵阳孔学堂举办"世界的孔子·国际漫画大赛"，大赛组委会收到全球近 70 个国家和地区 1120 幅作品，内容丰富，包括表现孔子形象的"立此存照""学而不厌·诲人不倦""仁者乐山·智者乐水""四海一家"等主题。

时隔两年，"王阳明国际漫画展"同样在贵阳孔学堂举行，来自法国、西班牙、伊朗、罗马尼亚、哥伦比亚等多个国家的艺术家汇聚一堂，展览共展出各国艺术家作品 200 余件，在启动展览的同时，还举行了 2017"国际艺术家眼中的王阳明"主题论坛，法国漫画协会主席、著名漫画家诺·万·唐可和美国著名艺术家莉莉娅·帕弗洛维克·蒂尔分别以《我眼里的中国文化》和《丝绸之路对我创作的影响》为题，展开了主题演讲。

诺·万·唐可说，他虽然不懂中文，但在他看来，王阳明是一个有大爱的人，所以采用了这些吉祥的元素构成王阳明的形象，他相信通过艺术语言，依然能够与世界各地的人们分享他从王阳明身上找到的灵感，分享自己对这位中国圣人的理解。

论坛、学术年会等也是促进对外文化交流的重要途径。近年来，孔学堂在中华文化的学术研究、人才培养、著作出版等方面，也不断加强与国际儒学联合会等机构的深入合作，同时，还不定期开展留学生传统文化体验活动，让外国留学生及外国汉语教师近距离感受中华传统文化的魅力，增进对中华传统文化的了解。

2018 年 11 月，由中央广播电视总台和阿根廷国家广播电视台联袂摄制的系列纪录片《魅力阿根廷》《魅力中国》在两国国家电视台同步播出。贵阳孔学堂作为阿根廷摄制小组在中国选择的拍摄点之一，以展示中国传统文化的当代传承与教化而亮相纪录片《魅力中国》。

此外，孔学堂还通过协办中日韩文化交流论坛第十四次会议、"中俄青年创业孵化器巴尔瑙尔——贵州双向交流项目"等多项国际性活动，努力推动中华文化"走出去"。

贵阳孔学堂是中华传统文化的传载者、守护者、创新者，必将促进一个崛起的后来居上的贵州大发展，大繁荣。

《山花》

山丹丹花开红艳艳

颁奖词：让贵州文化名片焕发新时代的新魅力。

《山花》杂志创刊于1950年，是全国一流文学期刊，在全国文学界、学术界具有较高的影响力，与《人民文学》《上海文学》《作家》并称中国文学期刊"四小名旦"，发表的作品曾获鲁迅文学奖、百花文学奖等重要文学奖项，并有大量作品被权威选刊转载或翻译到国外。《山花》是我省的文学重镇，为繁荣我省文化建设、提升我省的美誉度做出了贡献。

纯文学的名片和高地

出版发行的《山花》杂志，是贵州历史最悠久的杂志，也是贵州唯一公开出版发行的文学杂志，跻身于全国一线文学期刊行列，在国内文学界、学术界具有一定的影响力，是贵州的一张文化名片，《山花》发表的作品，多次获《新华文摘》《小说选刊》《小说月报》《中华文学选刊》《中篇小说选刊》《北京文学·中篇小说月报》《作品与争鸣》《散文选刊》《散文·海外版》《诗选刊》等权威选刊转载，并大量被各大出版社选编的文学年度选本收录。《山花》发表的作品，曾获小说选刊奖、人民文学之星奖等，并有不少篇目被译介到美国、德国、日本等国家的刊物，更有作品经泰国诗琳通公主翻译，在泰国出版发行。

面对新媒体崛起带来的竞争和民众阅读习惯对纯文学杂志的冲击，山花人用奉献精神坚守住了《山花》这一块纯文学阵地，让《山花》成为多彩贵州民族特色文化强省的一张亮丽名片。

在全国高校中文专业学子的眼中，《山花》杂志是一块文学圣地，上面的作品是有志从事文学创作的学子争相传阅、学习、研究的对象。很多人知道《山花》，却不知道这朵"花"盛开在贵州。

实际上，《山花》不仅是贵州一张亮丽的纯文学名片，还是贵州的一个纯文学高地，对贵州文化的建设和文学人才培养做出了重要贡献。

《山花》前身是 1950 年创刊于贵阳的《新黔日报》副刊《新黔文艺》。70 年来，蹇先艾、叶辛、何士光、何锐等历届"掌门人"对《山花》的成长做出了重要贡献。

1994 年，《山花》进行全面改版，办刊思路由"贵州作者的阵地"调整为"不仅要做贵州的山花，更要做中国的山花"。从此，地处西南边远地带的《山花》进入了全国文学界的中心地带。

《山花》杂志主编李寂荡说："1994年的改版就好像是打破了《山花》的围栏，让《山花》走向全国。山花不再是一般的省级杂志，而是面向全国办刊。"

改版后的《山花》影响力逐步提升，由一本省级杂志跃升为具有全国影响力的杂志，成为西部十二省区文学杂志中的翘楚，文学影响力排在全国前十位，被选入北京大学中文核心期刊。业界将《山花》与《人民文学》《上海文学》《作家》并称为"四小花旦"。

杂志影响力大小，取决于作品质量的好坏。作为贵州的一张文学名片，《山花》一直保持着优秀的文学品质。《山花》刊载的作品，多次斩获鲁迅文学奖、百花文学奖等全国性文学大奖，江苏作家协会主席范小青获得鲁迅文学奖的《城乡简史》就是首发在《山花》。

为了保持作品质量，《山花》曾与贵州城乡杰和房地产开发有限公司合作推行"双稿酬制"，对发表在《山花》的作品，房开公司在原稿酬的基础上按照110%发放第二笔稿费，大幅提升了《山花》的作品质量。

《山花》还在贵州中烟的赞助下向全国100位作家、300名重要客户赠阅杂志；在贵州银行股份有限公司的赞助下向全国100所著名大学文学院（中文系）赠阅杂志；在贵州茅台集团的赞助下，向全球100所著名大学图书馆赠阅杂志。

由此，《山花》走出贵州，走出国门，走进哈佛大学、耶鲁大学等世界知名学府。这大大促进了中国文学和文化在世界的传播，《山花》也因而成为海内外研究贵州文学、文化的重要窗口。2016年，作家川妮发表在《山花》的作品《哪一种爱不疼》就被泰国汉学家诗琳通公主译介到泰国。

年轻作家成长的摇篮

《山花》是全国的"山花"，是世界的"山花"，但是这朵"花"开在了贵州。

贵州曾有《山花》《花溪》《夜郎文学》《杉乡文学》等4家文学期刊。后来其他杂志纷纷转向市场，唯有《山花》还坚守在纯文学园地。

作为贵州唯一公开发行的纯文学刊物，《山花》理当承担起培养贵州本土作家的重任。

在接受《人民日报》采访时，李寂荡说："《山花》要处理好的关系是面向全国办刊与兼顾贵州文学之间的互动关系。"

《山花》是贵州的一张名片，很多贵州作家通过这个平台迅速进入全国视野。李寂荡说，《山花》历来就重视培养贵州作家，是贵州作家的成长摇篮。贵州绝大多数作家都是在《山花》发表作品而走向成熟的。

在扶植新人这方面，《山花》是不拘一格推人才，竭尽所能，不错过一个有文学才华的新人。《山花》的目标是通过努力，扶持形成一个年轻的、新一代贵州作家群，让贵州文学后继有人。

在扶植贵州本土文学新人的同时，《山花》也积极提携省外文学新人。这些新人在文学界崭露头角，增加了贵州的美誉度和知名度，增加了贵州的文化影响力。

深圳80后作家欧阳德彬说："《山花》是文学世界里的桃花源，《山花》的编辑专心看文本，不看作者名气，能够提携新人，锐气十足。"

为了将贵州本土作家的培养落到实处，《山花》在修文、务川、多彩贵州文化创意园成立了创作基地。在《山花》杂志务川文学创作基地授牌仪式上，李寂荡说："《山花》是全国的、更是贵州的，我们有义务为贵州的文学发展贡献力量。我们将尽力发掘新人、发现好的作品，与基层的作者有更多的交流。"

下一步《山花》将走进更多的地方和企业成立创作基地，参与到地方和企业文化建设中，让文学走进民间，主动去影响大众。

2015年3月，时任贵州省委宣传部部长张广智调研《山花》杂志时说："《山花》是文学百花园里面的一个高峰，即便不是喜马拉雅山，起码是一个唐古拉山，数一数二的。"

从历史上看，《山花》为贵州争得了荣誉，为贵州文化事业的发展做出了贡献，《山花》不仅仅是一张名片，还是一种文化资源，一种精神力量。

用奉献精神坚守文学阵地

然而这么一个具有全国影响力的品牌，生产条件却十分艰苦。李寂荡介绍，《山花》杂志共有11人，其中从事编辑工作的6人。每年财政拨款17万，省委宣传部每年拨款50万，相比外省的文学期刊，《山花》的条件十分拮据。

然而《山花》没有"等靠要"，在编刊之余，编辑们都努力去争取赞助。李寂荡说："一边办刊，一边跑广告，有时觉得十分疲惫。"尽管如此，《山花》的稿费仍然是贵州省内刊物中最高的。编辑去争取赞助，是为了这个集体，为了这项事业，这体现的是一种奉献精神。

作为一本传统纯文学刊物，《山花》还要面对新媒体崛起带来的竞争和民众阅读习惯对纯文学杂志的冲击。一方面，新媒体的崛起改变了人们的阅读习惯，无纸化和碎片化阅读逐渐替代纸质阅读；一方面，民众的阅读口味倾向于实用化、休闲化和娱乐化，精神阅读越来越少。

尽管形势严峻，挑战重重。但山花人一直靠这种奉献精神坚守着这一块纯文学高地。

《钟山》主编贾梦玮认为，说坚守稍悲壮了点。但李寂荡认为，山花人的确是在坚守。就像守阵地，枪支弹药很少，但这块高地不能沦陷。他说："《山花》这个品牌来之不易，不能毁在我们手里。"

在李寂荡看来，文学读者的量不大，但文学是文化的核心，文学具有很强的辐射功能，很多影视和戏剧作品都来自文学，而影视作品已经成为老百姓的精神食粮。最近热播的电视连续剧《人民的名义》就是由江苏作家周梅森的小说改编。十多年前热播的电视剧《激情燃烧的岁月》是由几个中篇小说改编而成，其中一个就是石钟山发表在《山花》的父亲进城。

文学杂志的功能不在于市场和经济效益，而是社会效益。没有文学杂志，就没有文学新人的出现。李寂荡说，优秀的文学作品都是来自文学杂志，莫言也是在杂志上发表作品一步步走向诺贝尔奖，几乎没有哪一位作家是从出版社出来的。

《山花》杂志近年来，在贵州省报刊综合质量评定中，均位列非时政类期刊一等第一名，并被龙源期刊网、博看网等数据库网站评为"全球中文期刊 TOP100""最具影响力百强期刊"等。《山花》的努力和成绩得到了上级领导的肯定，中共贵州省委常委、宣传部部长慕德贵同志对《山花》做了批示："《山花》取得新进展，难能可贵。希望再接再厉，不断提高，让这张贵州文学界的名片更加靓丽。"中国作家协会党组成员、副主席、书记处书记阎晶明同志到贵州省作协调研时，也强调"《山花》能刊登不少有影响力的作家作品，很不容易"。在文学界，《山花》也得到了广大作家和读者的好评，《小说选刊》副主编、鲁迅文学奖获得者、著名评论家王干就指出，"长江以南的文学期刊，要看两朵花，广东的《花城》和贵州的《山花》"。

为保护"山花"这一品牌,《山花》杂志完成了"山花"LOGO 的商标注册。

判断一个国家的文学是否强大,就看这个国家有没有著名作家和作品,这是一个国家的文化名片。

文化强省的建设,一方面需要做厚文化产业,一方面要擦亮文化名片。《山花》是贵州的一张文化名片,又是培养贵州作家的重要阵地。

云上贵州多彩宝

让数据多跑路　让百姓少跑腿

颁奖词：网络连接民生，多彩宝服务社会。

"云上贵州多彩宝"政务民生服务平台是贵州政务服务网移动互联网门户，致力于运用互联网、大数据促进保障和改善民生。目前，已累计拥有软件著作权12项，"双软"认证，平台交易总额突破8亿元，日交易峰值超过300万元，覆盖全省600万人群。平台运用大数据来保障和改善民生，不断集成全省政务服务、民生服务、到家服务、内容服务等众多内容，为全省百姓提供一站式、全天候服务，实现各类政务民生服务"掌上办""指尖办"，打造全国领先的"一网通办、服务到家"，最终实现"数据多跑路、百姓少跑腿"的目标。

"云上贵州多彩宝"平台建设运营主体贵州多彩宝互联网服务有限公司，于2015年12月在贵阳市国家高新区注册成立，是多彩贵州网有限责任公司控股子公司，是一家以政务民生服务平台建设运营、大数据服务产品开发

应用、信息化解决方案服务为主业的互联网创新型企业，致力于推进大数据与用户日常生活、社会公共服务等深度融合，现已实现互联网平台 PC 端、手机 APP 端、小程序、H5 等系统融合开发，并取得自主知识产权。目前，多彩宝公司已获得版权登记 25 项、软件著作权 15 项、通过"双软"认证，获得贵州省"五一劳动奖状""文化产业十佳品牌""贵州省大数据企业 50 强"以及高新技术企业认证等荣誉称号，是贵州省拟上市重点培育企业。

服务民生的耕耘者

紧紧围绕深化"放管服"改革，依托"云上贵州多彩宝"政务民生服务平台建设，加快整合集成全省各类政务、民生服务办理事项，加快探索创新应用场景和商业模式，加快形成更多增值服务产品，不断探索服务后市场，为公众提供"一站式"服务，不断降低行政成本，提高办事效率，方便服务群众，助力打造指尖上的"网上政府"。2018 年，贵州省政府将"推动'多彩宝＋益民服务'城乡全覆盖"列入"十件民生实事"，多彩宝率先在全国实现了生活缴费在省、市、县、乡、村五级全覆盖。经过几年时间发展，"云上贵州多彩宝"已在全国形成政务民生服务平台"建设＋运营"协同发展的贵州模式，实现自我造血。截至 2020 年 2 月，"云上贵州多彩宝"已实现水电燃费用缴纳、社保查询办理、代开发票、电子身份证、电子驾照、公积金查询提取、婚姻预约登记等 684 项高频服务"掌上办"，民生事业基础服务已覆盖省市县乡村五级。

着眼全省民生需要，"云上贵州多彩宝"提出按照服务本地化、设计本地化、信息本地化、运营本地化的思路，建设市（州）、县本地化分平台，充分满足各地个性化需求，体现本地特色，接入各地区自有、特色政务民生服务和应用，打造"百县百样、千人千面"的服务新模式。比如："云上贵州多彩宝·智慧黔南"平台，作为第一个市（州）级本地化平台，已接入上线社保类、公积金类、交警类等100余项高频政务服务和20余项民生服务，还集成了"政务110"、干部纪实、基层党建、扶贫大数据等定制化功能，黔南用户可通过该渠道上报反映各类紧急情况、政务服务、民生事务等问题。"云上贵州多彩宝·掌上贵安"平台，已上线60余项民生服务，接入"大学城VR""随手拍""贵安旅游""贵安发布"等特色服务，为用户打造更全面、更便捷、更省心的移动服务平台。"云上贵州多彩宝·康养桐梓"平台，定制化建设了"桐梓发布""部门导航""扫码按摩"等特色服务功能，为用户提供"一站式"服务。

"智慧城市"的实践者

多彩宝公司坚持应用在本省、数据在本省，着力打造过硬技术团队，积极实施"走出去"战略。作为本土大数据成长型企业，通过技术积累、模式创新，积极"走出去"开拓市场，不断深入产业互联网和智慧城市相关领域，依托技术服务优势积极实施"走出去"战略，实现了贵州本土大数据企业"走出去"。目前，由多彩宝公司承建的河南省许昌市"智慧城市"平台"i许昌"已完成一期建设并发布上线，得到了当地政府的高度肯定。同时，湖南湘潭、青海等地的省市级平台正在对接洽谈，市场前景十分广阔。

通过积极"走出去"对外交流合作,一方面提升了贵州大数据发展和"多彩宝"的品牌认知和影响力,同时也为贵州大数据发展培养和聚集了更多人才,使企业人才得到了锻炼和培养,推动大数据良性持续发展。此外,依托多彩宝平台丰富的服务和场景,不断积累互联网、大数据在政务、民生、医疗、教育、旅游、交通等公共服务行业的应用,积极参与智慧城市建设。

2020 年应对新冠肺炎疫情防控期间,多彩宝先后推出发布"防控疫情,贵州在行动"服务专栏、"疫情防控服务专区""疫情服务机器人""贵阳市企业复工复产申报备案登记平台""贵阳市企业员工健康状况监测平台""安顺市重大项目复工管理平台""茅台集团健康监测管理平台"等信息化防疫产品,以实际行动助力全省战"疫"工作大局,助力企业复工复产,同时依托多彩宝平台服务和用户优势,将贵州防控疫情动态精准传播到千家万户,助力营造良好的网上氛围和社会氛围,做到了战"疫"有"数"。

数据应用的探索者

依托平台聚集的海量跨部门数据,多彩宝积极运用大数据促进服务改善民生、提升政府服务能力、完善社会治理水平,挖掘大数据资源价值,培育发展大数据增值服务产品和新兴产业。数据应用方面,对内实现平台服务精准推送,对外实现数据增值服务。比如:通过平台数据可视化,建立用户画像体系与智能推荐算法,利用 AI 人工智能技术针对不同用户,实现千人千面精准服务;发挥大数据资源价值,积极与金融机构开展合作,建立"大数据风控实验室",探索"大数据 + 金融"融合发展,简化老百姓、小微企业的贷款流程,打造数字金融生态。数据治理方面,充分发挥平台跨部门数据共享，提升数据治理能力。比如：与省发改委合作推进"信用贵州"移动端建设，通过政务数据与信用数据跨部门共享与应用，实现政务服务逢办必查、联合奖惩，积极推动诚信社会建设。数据安全方面，形成责任压实到位、制度保障健全、技术支撑有力的安全体系。在 2018 贵阳大数据及网络安全攻防演练以及今年国庆期间安全保障实战中，我们均保持了所有攻击被有效拦截、核心平台安全可靠的成绩。

经过几年时间发展，"多彩宝"平台服务已实现省市县乡村五级全覆盖，APP 第三方市场下载统计用户已突破 1900 万，实名注册活跃用户超过 350 万，平台交易额突破 25 亿元，在全国同类平台中排名前列。如今，越来越多的用户通过"多彩宝"实现了各类服务"在家办""指尖办"，多彩宝已成为全省名副其实的"一网通办"移动门户，是全省群众办事服务都离不开的互联网服务品牌。

万山朱砂

历史凝固的美妙音符

颁奖词：促进资源枯竭型城市向丹矿王国的成功转型。

万山朱砂被誉为中国汞都、丹砂王国，自秦汉以来，距今已有两千多年开采历史。面对朱砂资源枯竭的困境，万山紧紧抓住朱砂文化的根与魂，发展矿山休闲怀旧旅游，打造千年丹都·朱砂古镇，走出了一条资源枯竭型矿区可持续发展的新路。建成朱砂工艺产业园，入驻企业 32 家，2017 年产值达到 2.4 亿元，带动社会就业 600 余人。万山朱砂见证了矿山工人为国奉献的奋斗历程，也孕育了万山人民转型升级的不朽传奇。

千年丹都：蜕变的红色蝴蝶

万山区因朱砂储量和产量居国内之首、亚洲第一、世界第三，被誉为中国汞都、丹砂王国，自秦汉始，距今已有两千多年开采历史。

过去，一提到铜仁万山，很多人马上联想到的关键词是"千年丹都"。

然而，进入 20 世纪 80 年代后，汞矿资源枯竭，2001 年 5 月相关企业被实施政策性关闭破产。此后 10 余年间，万山陷入前所未有的困境。而且，长期以来，汞工业一枝独秀的局面，也使得万山区的产业结构过于单一，当地在实现可持续发展、结构调整、生态环保等方面所面临的压力日益加大。

这个曾经中国最大的汞工业生产基地，在汞资源枯竭后，转型发展是必须打赢的一场硬仗，这是一个关系到生死存亡的问题。

如何发掘矿区自身优势，走出困境？经过算产业账，充分调研论证后，万山区给出的答案是：充分挖掘特色文化资源，以矿区向古镇转变为目标，依据 5A 标准，投资建设中国第一个以山地工业文明为主题的矿山休闲怀旧小镇——朱砂古镇。

2009 年 3 月，万山区被国务院列为第二批全国资源枯竭型城市。

2013 年 5 月，习近平总书记对万山转型发展做出肯定性重要批示，要求万山用好用活国家政策，加快推动转型可持续发展。

2015 年，万山区与江西吉阳集团签约，对原采矿区遗址、遗产、遗居进行整合打包，市场化开发将"废址变古镇"，打造了中国第一个以矿山文化为特色的休闲怀旧小镇——朱砂古镇，建设了汞矿博物馆、时空隧道、玻璃栈道、玻璃天桥等旅游景点，开辟了悬崖宾馆、悬崖天池等特色体验服务，推动景区从观感向游乐玩购旅游链延伸。

2016 年，万山政府出资 3 亿元，建设以发展朱砂工艺产业为主体，集产品研发、培训、生产、检验、销售、展示于一体的朱砂文化产业园。

为此，朱砂古镇深挖矿区文化内涵，对于汞矿遗址遗迹和 970 公里长的地下历代采矿坑道，采取修旧如旧方式，以追溯历史的记忆，恢复曾经的辉煌。

以"红色"为主题概念，在景区建设中，原景再现新中国成立初期至 20 世纪 60 年代的历史标语、历史故事，将爱国主义作为朱砂文化的重要内涵，真正再现"那个年代"。并建成了万山汞矿工业遗产博物馆，突显万山朱砂文化的独特性、鲜明性和地域特色，实现朱砂文化与朱砂古镇景区的深度融合。

此外，古镇还依托资源优势，将有限的朱砂矿石，嵌入朱砂历史悠久的传统文化，精雕细刻发展朱砂工艺品，建成了全国最大的朱砂工艺品产业园，推动了朱砂工艺品产业向规模化、标准化、精品化转变，打造了万山城市名片。

如今，古镇内的汞矿子弟大多数实现了再就业，很多人还当起了"小老板"，朱砂古镇内约有 20% 的门面、展示厅免费提供给当地的贫困户从事餐饮、旅游商品销售等服务。目前，为当地员工提供就业岗位 300 多个，为 200 多个有能力的贫困户提供了自主创业平台。

随着朱砂古镇开发和旅游基础设施条件地不断改善，景区客源总量不断上升。每年接待游客数百万人，整个万山区也在朱砂古镇带动下焕发活力，曾经凋敝不堪的老旧矿区，已变成游人如织的文化旅游胜地。

丹砂王国：凝心聚智助腾飞

文化导向、产业聚集。将深厚的历史文化底蕴与朱砂产业发展相融合，开发具有浓厚民族特色，与历史文化景区内涵深度洽合，全面诠释万山朱砂丰富多彩文化和鲜明的地域特色的文创产品。工艺产业园坚持以政府引导、协会自律主导、企业主体发展、市场定位导向的市场经济运行模式。构建园区服务平台，确定文化、产业发展的中心地位。通过与铜仁学院、交通学院、深圳浅墨文创公司等签订培训、研发、鉴定协议，解决解决技工培训、文化产品质量标准，市场同质化难题。同时，聘请具备行业认定资质的专家、机构，对出产的每件文化产品做出权威的鉴定与评估，出具鉴定证书、检测报告，朱砂行业协会编制了国内首部《朱砂工艺品通用技术条件》团体标准，实现了工艺产业园的生产规范化、标准化、精致细化发展。

"放水养鱼"，助推文化产业高速发展，出台了《万山区扶持朱砂工艺产业园发展优惠政策》给予 15 条优惠政策支持，设立朱砂工艺品发展基金，扶持成长型中小微企业发展，最高可奖励 100 万元。2015 年由政府出资建立朱砂工艺品 O2O 体验店，实现朱砂文化系列产品线上线下同步销售。组建"联合舰队"规模化发展，先后组建了天下红集团、丹辉集团、电子商务集团，形成共同发展进步的滚动效应。

万山朱砂工艺品做工精细、品种繁多，拥有多项专利。现有朱砂画、朱砂雕刻、朱砂摆件、朱砂首饰、朱砂印章等多个品种，其中自主研发的立体浮雕朱砂画，是在原有的绘画基础上融合粘与雕刻技术而成，有屏风画、瓶子画、盘子画、木头画、簸箕画、石头画等 30 余种款式，使原有的朱砂工艺品上升到可供欣赏的朱砂艺术品。万山通过将文化元素植入到产品开发营销组合中，紧贴市场需求，突出设计创新，积极挖掘万山朱砂的"文化颜值"，将历史文化与朱砂工艺品相融合，"一手伸向历史、一手伸向民间"挖掘传统文化元素，开发出民族特色浓厚的朱砂工艺品，呈现万山朱砂石开采加工的千年历史底蕴、体现地域文化特色和描述侗家民风民俗，产品类型不断丰富，实现了产品创新、内容创新，截至目前已开发出小、精、巧的朱砂工艺品 6 类 100 多个品种，单件产品价值从百元到万元不等，产品层次更加丰富，成为游客的伴手礼。万山朱砂屹立于朱砂行业的前沿，产品已远销北京、山东、湖南、江苏、浙江和云南等地。

打响万山朱砂品牌，实现文化产业与旅游产业的双赢共振，2016 年在国家 4A 级景区朱砂古镇建立朱砂展示销售的朱砂大观园，让游客完成游、吃、喝、娱、购、宿六大系列活动后。带走具有万山独特文化价值的纪念品。朱砂文化产业已成为极具潜质的市场经济增长点。2016 年万山朱砂在铜仁、凤凰、张家界等地市场店面有 35 家，市场销售额达到 2.4 亿元；2018 年底销售额达 5 亿元，力争到 2020 年实现销售 10 亿以上，带动就业 2000 人以上。

黔宝金店

百年老店，自强不息

颁奖词：百年老店焕发活力、本土品牌自强不息。

黔宝金店源起于公元 1888 年，是中国首饰业现存为数不多的百年品牌，黔宝作为贵州本土珠宝品牌，在贵州省已有 130 年的历史，目前黔宝在贵州省内已开设了 41 家直营店及加盟店。黔宝在历史发展过程中，是贵州商业金融的文化重要载体，具有突出的历史、文化和科学价值，展现了边疆少数民族民族文化创造力的典型性、代表性。其拥有的专有品牌、传统技艺、经营理念和文化内涵，不仅是我国优秀商业文化的集中体现，也是贵州非物质文化遗产的组成部分。

发展历程

　　光绪十三年（1887年），两广总督张之洞奏请朝廷自制银圆，中国机制币从此登场。光绪初年，由于云南厂铜料缺乏，吏部正式裁撤宝黔局（贵州清代官方铸造货币的部门），但是官炉仍在。光绪十四年（1888年），由于省内流通钱币不足，外国银圆充斥市场，时任云贵总督的岑毓英，为改变云贵地区经济落后的状况，决定重启官炉铸币，并在贵州省设立了旧州官炉（今黄平县旧州）、贵州官局、黎平官炉、贵州官钱局、贵州造币厂等制造钱局机构，效仿广东等地自造银圆，推行黔宝银圆振兴贵州经济。

　　1888年，含银量在98%以上的黔宝银圆发放市面流通后，备受贵州地区苗族和其他少数民族的欢迎。部分黔宝银圆被改铸为饰物，这是黔宝银圆传世量不多的主要原因。

　　宣统元年（1909年），贵阳本地工艺行业先行者以"黔宝"的名号开设黄金铺行。于是以珠宝首饰为主营项目的黔宝金店再次出现在贵阳繁华商圈，贵州百姓购买珠宝多认可黔宝品牌，黔宝金店一时间形成大众消费的主流。

　　2012年12月，升级新标准形象的第一家黔宝金店，亮相贵阳观山湖区世纪金源购物中心。

突出成就

黔宝金店匾额由已故中国书法家协会主席启功先生题写。改革开放后，黔宝金店通过匠心独运的工艺和传承弘扬民族文化的精神，在坚持与创新中寻求新的高度和自我发展之路，品牌形象深入人心，产品深受广大客户喜爱。连续多年获得"消费者信得过品牌"。

1998 年，黔宝金店被评为"中华老字号会员单位"。

2018 年 5 月，黔宝金店作为贵州民族文化优秀代表受邀参展第十四届中国（深圳）国际文化产业博览交易会。

2018 年 6 月，黔宝金店受邀参展尼泊尔文博会。

2018 年 11 月，黔宝金店荣获 2018 年贵州省文化产业"十佳品牌"。

2019 年 1 月，黔宝金店品牌隶属公司（贵州西南黄金经营中心有限公司）在环球时报主办的"中国开放发展与合作高峰论坛暨第八届环球总评榜发布典礼"上荣获"2018 老字号文化影响力 30 强"，成为贵州省唯一一家获此殊荣的企业。

2019 年，百年黔宝获得 ECI 中华老字号"贡献美好生活"，活动创新企业奖。

未来发展

通过多年的经营，黔宝金店目前在贵州区域内销售网点达到40家多，员工千人以上，为当地经济和就业做出了应有的贡献。多年深耕细作，黔宝金店已总结出一套属于自己的经营理念和管理经验，并制定出可持续发展的未来规划。

第一，规范化管理和经营运作模式（标准化模式），建立培训系统，通过培训系统实现将规范化运营模式大规模复制到各门店，建立和完善督导系统，通过督导系统来管控门店的规范化经营。

第二，实施区域品牌战略，将黔宝打造成贵州区域品牌。成为贵州名牌、驰名商标，中华老字号等，提升品牌价值，同时与民族和旅游相结合，打造成贵州名优旅游产品，创新发展增强企业核心的品牌之路，通过形象、诚信、质量、服务、独有工艺或款式等方面塑造优质品牌，创造出贵州核心产品和与众不同的优势。

第三，精耕细作黔宝门店地域广度，快速加大店面铺开的密度。（黔宝是贵州珠宝品牌代表，战略腾飞三部曲，初期在原发地生长发展，中期在贵州区域做大做强，在贵州实现强势地位巩固后，未来将跨出贵州区域发展。）

第四，通过现代化管理模式增强企业凝聚力，增加员工归属感和优越感，增加员工技能培训和凝聚方面的支出，打造标注化服务团队，用心创造一定的环境和氛围让员工觉得能在黔宝上班是件开心的事情，有社会优越感和认同感。

第五，黔宝将逐步完善上游和下游产业，建立自己的珠宝设计中心、珠宝加工厂、物流和配送中心，完善产业链条，提升产品的附加值。

黔宝金店承载着几代贵州人的回忆，是贵州人引以为豪的品牌。与此同时，我们坚信，贵州黔宝金店是一个有底蕴、有平台、有梦想的企业，一定能将黔宝金店打造成贵州的金质名片，成为名副其实的黔地之宝。

玉屏箫笛

传承百年工艺　铸就民族品牌

颁奖词：既是精良的乐器，又是精美的文化艺术品。

　　玉屏箫笛始创于明万历年间，距今有 400 多年的历史。2006 年，玉屏箫笛制作技艺被列为国家级非物质文化遗产保护名录；与茅台酒、大方漆器等一道被列为"贵州三宝"。建成玉屏箫笛研发生产基地，全县有 10 余家箫笛制作厂家，年销售近 9 万根，它既是一种制作精良的民族乐器，又是一件工艺精美的高雅艺术品。其品质优良，工艺精细，音韵清越，因而誉满神州，蜚声海外。

箫笛之乡：古箫流韵，玉笛飞声

中国箫笛之乡——"玉屏"地处贵州省东部，与湖南毗邻，是连接中南与西南的必经之地，素有"黔东门户"之称，清澈的舞阳河经城而过，风景优美，秀丽宜人，"流水为玉，青山为屏"，故称"玉屏"。居住有侗族、苗族、彝族、白族等十多个少数民族，其中以侗族为主。玉屏古名"平溪"，明洪武二十三年（公元1390年）置平溪卫，清雍正五年（公元1727年）改为玉屏县。

玉屏箫笛制作历史悠久，可追溯到明朝，距今已有四百多年，其间经历了无数次的风雨起落，有过最辉煌的时刻，也有过最为惨淡的日子，几乎失传断绝，使得箫笛制作技艺不仅能流传至今，制作技术也日臻成熟，玉屏箫笛亦被美其名曰"平箫玉笛"，特点是形制精美，音色清越动人，文化底蕴深厚，玉屏亦被誉为"中国箫笛之乡"。

1913年，在英国伦敦举办的国际手工艺品展览会上，玉屏郑氏兄弟制作的玉屏箫以"制作精美，音韵清越"的特点荣获银奖。

1915年，美国为庆祝中美洲巴拿马运河的开通，在旧金山举办"巴拿马运河建成纪念万国博览大会"。这场博览会的规模空前巨大，会场占地就有635英亩，会场设一个节庆堂，11个展馆，同时设各国政府馆21座，美国各联邦馆27座，40多个国家参展，中国也在应邀之列。郑氏兄弟精制的玉屏箫笛因工艺精美，被选送去参展，一举夺得此次博览会的最高荣誉——金奖。从此，玉屏箫笛不仅在国内闻名遐迩，在国际上也蜚声海外。

玉屏箫笛已经成为玉屏的文化代名词，早在1990年，玉屏便被国家文化部授予"箫笛之乡"的称号。2006年，玉屏箫笛制作技艺被国务院列为国家级非物质文化遗产保护对象进行保护，次年，国家文化部任命刘泽松、姚茂禄二人为国家级非物质文化遗产项目玉屏箫笛制作技艺的代表性传承人。2008年，玉屏被国家文化部授予"中国民间文化艺术之乡"的称号，被国家商标局授权注册为地理标志证明商标，成为全国首个获得地理标志证明商标的乐器类产品。2009年，被认定为贵州省著名商标。2018年，玉屏箫笛被国家市场监督管理总局正式批复认定为驰名商标，玉屏箫笛制作技艺入选第一批国家传统工艺振兴目录。

2015年初，中国著名箫笛演奏家、中国音乐学院张维良教授作为文化大使，将玉屏箫笛作为礼品赠予英国首相卡梅伦先生，获卡梅伦高度赞赏，并表示将会把中国的箫笛引进英国，让英国的孩子们都了解并学习中国箫笛文化。

2015年10月，为庆祝玉屏箫笛获得巴拿马国际金奖100周年，在玉屏举办了为期六天的纪念玉屏箫笛金奖百年暨"相约茶花泉"文化活动周，本次活动由中国音乐学院、中共铜仁市委宣传部主办，中共玉屏侗族自治县委、玉屏侗族自治县人民政府、中国箫笛艺术研究中心、中国民族管弦乐学会、中国民族管弦乐学会竹笛专业委员会等单位承办。同时举行第一届中国（玉屏）国际箫笛制作大赛、第二届中国西南地区箫笛独奏展演暨玉屏箫笛大赛、第十三届中国竹笛专业委员会年会暨箫笛学术研讨会等，内容全面丰富，日本、韩国、英国、美国、新加坡等多国著名箫笛制作家、演奏家、理论研究家等近百人齐聚玉屏。活动吸引了中央电视台、经济日报、新华社、中国日报、人民网等近30家主流媒体及省内外80多位摄影师聚焦玉屏，使得玉屏再一次创造了箫笛发展历史的辉煌。

屏箫笛多以雌雄配对，吹奏起来，含蓄而隽秀。雌雄并吹，恰似情人对唱，情趣盎然，故又有"神箫仙笛"之美称。玉屏箫笛，音韵清越，工艺精巧，是民族乐器中的精品，是玉屏侗、汉、苗、土家等多民族文化发展融合的结晶。许多箫笛艺人都为它的发展做出过贡献。玉屏箫笛的制作，要经过制坯、雕刻、成品三个流程，70 多道工序。品种由一箫一笛，已发展为 7 箫 12 笛 100 多个花色品种。

非遗传承：一箫一笛，琴瑟和鸣

玉屏县委、县政府为传承与保护箫笛文化，推动箫笛文化产业发展，先后引进建设了箫笛制作企业及生产基地，并对箫笛制作、曲目创作、竹材种植等项目进行大力扶持和奖励，并加大了培养和引进箫笛演奏专业人才的力度。

玉屏箫笛企业在传统箫笛制作技艺的基础上创新了玉屏状元箫、竹根箫、尺八箫等系列产品，研发了仿古微刻箫笛产品。创新产品上市后，深受消费者的青睐。玉屏箫笛的对外经营主要以批发零售（兼函购）为主，批发分为国内及国外两大渠道。国内主要批发销往全国各主要城市乐器专卖公司（店）；国外主要通过省外贸及广州、上海二处外贸部门，主要批发销往美国、日本、韩国、东南亚各国及港、澳、台地区；零售及函售主要对象是专业爱好者，各大专院校专业人士及各音乐团体。各箫笛生产企业在淘宝、天猫等网站各自拥有独立的网络销售平台。玉屏箫笛年产量 10 万余支，销售额 500 余万元。

刘泽松是"刘昆山箫笛社"第四代传人及社长。10 岁开始跟随父亲刘文忠学习吹奏箫笛，15 岁进入玉屏县箫笛厂参加工作，从此正式踏入箫笛制作行业。2007 年 5 月，刘泽松入选国家非物质文化遗产玉屏箫笛制作技艺传承人，成为推广宣传玉屏箫笛的"名片人物"。

"姚茂顺制作的这套箫笛珍品，选用五年以上、千里挑一的紫竹作为竹材，箫选用九节竹，这在以前非皇室不能使用。微雕工艺，选用象征崇高吉祥的龙凤图案精琢细刻，箫为九凤朝阳，笛为九龙戏珠。此外，还将吟笛咏箫的唐诗选刻在了箫笛上。一箫一笛，充满众多中国元素，中国传统工艺、传统器乐、传统文化，融为一体。"说起这些，刘泽松自己也非常骄傲。

"姚茂顺生于1976年，15岁开始跟随爷爷姚本林学习箫笛制作，姚本林是玉屏的知名箫笛艺人。"刘泽松言语间，流露一位国家级玉屏箫笛制作大师对另一位大师的尊敬。

在箫笛厂工作期间，刘泽松曾担任技术小组组长，赴北京、上海、苏州等地学习，并得到制箫笛名师的指导，"那一段，我对箫笛制作音准、音色、音质的把握有了质的飞跃。"

其实，在许多玉屏人眼里，刘泽松和姚茂顺，犹如玉屏箫笛一般，一箫一笛琴瑟和鸣，是玉屏骄傲。

经历了400多年发展的玉屏箫笛，是传统的手工艺品经典的代表，备受国际友人青睐，产品远销欧、美发达国家，更是受到东南亚地区华人华侨的喜爱，2006年被列为第一批国家级非物质文化遗产名录，推动了箫笛文化的传承与保护。

品牌文化：守正创新拓展空间

制度保障是基础。2016年4月，成立了由玉屏县委主要领导任组长，县政府主要领导任副组长的县箫笛文化保护传承与产业发展领导小组。制定了《玉屏侗族自治县箫笛文化保护传承与产业发展实施方案》《玉屏侗族自治县箫笛演奏、制作拔尖人才评选奖励办法》《玉屏侗族自治县箫笛文化保护传承与产业发展扶持和奖励办法》等措施，全面有效推动箫笛产业发展。同时，县财政每年投入 200 万元，用于非遗传承、人才培训、参展参赛等奖励。结合精准扶贫、退耕还林项目，以亩为单位进行补贴。再者，把箫笛文化保护传承和产业发展作为全县"十大重点"工作纳入单位、个人年度绩效目标考核任务。出台地方标准，颁布实施了《玉屏箫笛》地方标准，完善了玉屏箫笛的质量监管办法。编制发展规划《玉屏箫笛文化传承保护与产业发展总体规划》；制定了一系列《玉屏箫笛文化产业招商引资奖励政策》。培育、引进"潜力股"龙头企业，吸引了玉屏璞韵箫笛文化发展有限公司、竹韵箫笛乐器制作有限公司等一大批企业入驻研发生产基地。玉屏箫笛生产研发基地被列为"十二五"期间贵州省文化"十大文化产业园区（基地）"。

结合县庆活动打造"箫笛艺术节"，适时举办主题系列活动。2015 年，在玉屏箫笛荣获巴拿马博览会金奖 100 周年之际，举办了全国箫笛演奏大赛、国际箫笛制作大赛、国际箫笛音乐会等专题比赛及活动，赢得海内外箫笛专家学者、企业家们的赞誉。同时，组织箫笛文化走进央视、走进全国各地文博会、旅交会、专题博览会等。玉屏箫笛连续 10 多年参加深圳文博会，与国内外音乐院校及有关机构合作举办玉屏箫笛音乐会、箫笛演奏制作大奖赛、箫笛文化研讨会、箫笛文化节等。如 2017 年玉屏县政府与上海音乐学院签订合作协议，与铜仁幼儿师范高等专科学校签订了校企合作协议。聘请上海音乐学院唐俊界教授开展箫笛教学培训活动；聘请杭州风雅宫乐器有限公司制作专家，定期培训箫笛制作人员、组建玉屏箫笛制作发展公司，全面推进行业发展；每年选拔 10 名优秀的箫笛制作学徒，到杭州知名企业学习技术。普及箫笛文化进校园进工厂，全县每年开展 4 期箫笛制作讲习班，培养一流制笛师。自 2009 年以来，将箫笛文化教学纳入日常小学、初中、高中的课程之中，出版教材 8 册。小学三年级以上开设箫笛演奏课，每学期开设 16 节课，每年培训学生近万名，利用寒暑假期举办全县箫笛师资培训班，使箫笛文化进校园生态化、规划化，全面提升了箫笛文化的品牌效应。再者，强化对"玉屏箫笛"知识产权的保护。2007 年在原国家工商总局商标局成功注册，成为全国首个获得地理标志证明商标的乐器类产品。2018 年 2 月 1 日，原国家工商总局商标局认定"玉屏箫笛"商标为驰名商标。创意"黔三宝"整合玉屏箫笛、茅台酒、大方漆器文化元素，设计创作包装礼盒，申请了商标注册等，全面提升了社会对箫笛文化的认同感，传承百年工艺，铸就了民族品牌，促进玉屏箫笛产业跨上了新台阶。